선택과
결정은
타이밍이다

선택과
결정은
타이밍이다

|최 훈 지음|

밀리언서재
Million Publisher

결정장애에서 프로결정러가 되기까지

'내가 왜 그랬을까?'

'이번에는 도대체 뭐가 문제였을까?'

'왜 나는 만날 돌아서서 후회하는 것일까?'

내가 혼자 있을 때마다 하는 생각들이다. 나는 자신에 대한 확신과 믿음이 부족한 사람이었다. 어떤 선택이 나를 위한 것이고 어떤 결정이 내가 원하는 것인지 몰랐다. 다른 사람들이 하라는 대로 결정하고 말하는 것이 일상이던 사람이었다. 다른 사람들의 말을 잘 들어주는 친구였고, 부모님에게는 말 잘 듣는 아들이었다.

하지만 사회생활을 시작하면서 이러한 나의 성향은 오히려 독이 되었다. '자기 생각이 없고 소극적인 사람', '혼자 있는 것을 좋아하는 섬', '무슨 생각을 하는지 전혀 알 수 없는 사람'. 나의 생각과 주

1

장을 피력하기보다는 다른 사람들의 이야기를 주로 듣고 그들이 원하는 것에 맞춰서 판단하고 행동하다 보니 나도 모르는 사이에 그런 사람으로 평가받고 있었다.

그때 처음으로 '이렇게 살면 안 되겠다'는 생각이 들었다. 어색한 사이로 지내는 것이 싫어서, 다른 사람의 의견이나 내 의견이나 큰 차이가 없어서, 상대의 의견이 더 좋은 것 같아서, 주변 사람들도 원하는 것 같아서 했던 나의 행동들이 오히려 나를 더 이상한 사람으로 만들었다. 더 이상 다른 사람의 시선이나 기준에 맞춰서 선택과 결정을 하고 싶지 않았다. 나의 생각과 경험을 바탕으로 말하고 행동하는 삶을 살고 싶었다. 하지만 동전의 앞뒷면을 바꾸듯이 나의 성격을 단번에 바꾸기란 쉽지 않았다.

그래서 나는 작심삼일도 10번을 하면 한 달이 되듯이 3일 하고 포기하고 다시 3일 하고 포기하기를 반복하면서 습관을 만들기 위해 노력했다.

이 책은 선택과 결정을 두려워했던 내가 어떻게 신중한 사람으로 바뀔 수 있었는지에 대한 도전과 노력의 결과물이다.

1장은 선택과 결정 앞에서 두려워하고 초조해하던 과거의 나에 대한 이야기이자 선택과 결정을 잘하지 못하는 나와 같은 사람들에 대한 이야기다. 2장은 결정을 어려워하는 사람들이 기억해야 할 5가지 단어들을 제시했다. 긍정과 심플, 확신, 완벽 그리고 경험은 나의 선택과 결정에 당당해지기 위해 머릿속에 항상 기억하고 마음속에 새겼던 단어들이다.

3장은 본격적으로 선택과 결정을 잘하기 위해 생각과 마음, 감정을 어떻게 컨트롤해야 하는지에 대한 이야기로 구성했다. 4장은 선택과 결정에 앞서 단단한 기준을 세울 수 있는 노하우에 대한 이야기다. 5장은 선택과 결정을 잘하는 프로결정러로서 어떻게 하면 자기 확신을 잃지 않고 신중하게 행동으로 옮길 수 있는지에 대한 방법을 설명했다. 끝으로 6장은 주변 사람들의 시선과 기준에 아랑곳하지 않고 신중한 사람으로 살아가기 위한 다짐들로 구성했다.

나는 선택과 결정을 어려워하는 사람들을 '결정장애'라는 말로 통칭했다. 그러나 결정장애라는 말이 주는 어감이 특정 집단을 비하하거나 낮게 평가하는 모습으로 비쳐질 수 있기에 이 책에서는 결정장애라는 단어를 사용하지 않았다.

결정장애의 대체어로 국립국어원에서 제시한 단어는 아직 없지만 선택과 결정을 어려워하는 사람들을 흔히 표현하는 '우유부단함, 선택불가증후군'을 사용했다.

이 책을 읽는 사람들은 어떤 계기가 됐든 더 이상 결정을 두려워하는 사람으로 살아가지 않기를 바란다. 그것이 얼마나 많은 기회를 날려버리는지, 너무 괜찮은 당신을 얼마나 오해받게 만드는지 나는 누구보다 잘 알고 있다.

우리는 이제부터 신중한 사람이 될 것이고 선택과 결정 앞에서 당당한 프로결정러가 되기 위한 긴 여행을 시작할 것이다. 내가 직접 경험한 많은 시행착오를 통해 나의 삶을 주체적으로 사는 방법들, 지금 당장 실행해볼 수 있는 간단하면서도 큰 도움이 되는 방법들을 하나씩 소개해보겠다.

Part 01
선택과 결정 앞에서
왜 우물쭈물하는가?

Part 04
최선의 선택이
최고의 기회를 만든다

Part 05
선택과 결정은
실행으로 완성된다

Part 06
인생은
결정력이다

선택과 결정 앞에서
왜 우물쭈물하는가?

인류 최대의 난제, 짜장면이냐 짬뽕이냐?

첫 회사에 입사한 지 일주일, 목요일 아침에 출근하니 갑자기 팀장님이 말씀하셨다.

"오늘은 회식해야지. 입사 축하 회식이니 메뉴는 최훈 인턴이 골라. 알겠지? 퇴근할 때까지 생각해봐."

'올 게 왔구나.'

언제나 이런 상황에서 나는 자동으로 몸이 굳어진다.

'메뉴를 고르라고? 뭘로 하지? 내가 좋아하는 걸 말해도 되나? 아니면 보통 회식을 많이 하는 삼겹살집에 가자고 해야 하나? 팀장님은 뭘 좋아하시지? 메뉴를 골라야 해. 메뉴를 골라야 해……'

나는 하루 종일 일이 손에 잡히지 않았다. 그리고 다가온 퇴근 시간.

"뭐 먹을지 정했어?"

"저……."

"먹고 싶은 것 없어?"

"음…… 생각을 해봤는데요……."

팀장님은 내 대답을 기다리기가 답답했는지 바로 말씀하셨다.

"그냥 가던 데로 갈까."

결국 늘 그랬듯이 나는 아무런 결정도 하지 못하고 팀장님을 따라 자주 가던 식당으로 갔다.

중국집이었다. 회식 메뉴를 고르지 못한 데 대한 후회도 잠시, 자리에 앉자마자 개인 메뉴를 주문하기 위해 메뉴판을 보고 있는데, 짬뽕과 짜장면이 서로 자기를 선택해달라고 소리쳤다.

'뭘 먹어야 하지? 짬뽕을 시킬까? 짜장면을 시킬까?'

선택의 순간이 점점 다가오고 있었다. 팀원들 모두 자신이 먹고 싶은 메뉴를 거침없이 골랐다. 드디어 내 차례가 되었을 때 모두 나만 바라보며 내가 뭘 고를지 기다리고 있는 것 같았다. 그러자 마음이 초조했다. 짬뽕이 먹고 싶다고 말만 하면 되는데 나는 짜장면과 짬뽕 중에 하나를 고르지 못하고 결국 먹고 싶지도 않은 볶음밥을 주문하고 말았다. 역시 나의 예상은 틀리지 않았다. 원치 않은 선택으로 또 후회를 하고야 말 거라는 예상 말이다.

메뉴를 고르는 간단한 상황인데, 이것이 내 삶에 커다란 영향을

미치는 것도 아닌데 짬뽕이라는 두 글자가 왜 입 밖으로 나오지 못
하는 걸까? 먹고 싶지도 않은 볶음밥을 먹으면서 '나는 왜 이럴까?
나는 왜 이럴까?' 자책만 하고 있었다. 짬뽕을 고른다고 뭐라고 할
사람도 없는데 먹고 싶은 메뉴 하나 제대로 선택하지 못하는 나 자
신이 너무 한심해 보였다.

'초코우유 먹을래, 딸기우유 먹을래?'라고 물으면 1초의 망설임
도 없이 "초코우유!"라고 대답하는 사람이 있다. 반면 나처럼 무엇
을 선택하라고 하면 일단 그 단어 앞에서 머리가 하얘지는 사람도
있다. 심한 경우 갑자기 심장이 빨리 뛰거나 손이 떨리기도 하고
뇌의 움직임이 멈춘 것처럼 아무 생각이 나지 않는 경우도 있다.

또 선택의 순간, 누군가 다그치거나 시간이 정해져 있는 경우에
는 그 증상이 더 심해지기도 한다. 선택과 결정을 해야 하는 상황
에서는 왜 이렇게 속수무책이 되는가? 왜 누구는 1초의 망설임도
없이 말하고, 누구는 심장부터 뛰기 시작하는가? 이런 선택과 결
정의 어려움은 과연 노력으로 극복할 수 있는 것일까?

국립국어원 표준국어대사전에 의하면 '선택'은 "여럿 가운데서
필요한 것을 골라 뽑는다"는 의미이고, '결정'은 "행동이나 태도를
분명하게 정한다"는 의미라고 되어 있다. 짜장면과 짬뽕 중 하나
를 고르는 상황에서 내가 원하는 짬뽕을 선택하고 그것을 먹겠다
고 결정하는 것은 하나의 과정에서 동시에 일어나는 상황이다. 떼

려야 뗄 수 없는 두 단어에서 사람들이 잊고 있는 중요한 포인트가 하나 있다. 선택과 결정의 주체는 그 누구도 아닌 바로 '나'라는 사실이다.

짜장면을 선택하든 짬뽕을 선택하든, 초코우유를 선택하든 딸기우유를 선택하든 주체는 나다. 나를 포함해 늘 모든 선택 앞에서 주저했던 사람들은 아마 비슷한 이유였을 것이다. 나는 상관없으니 모든 사람들이 만족하면 좋겠고, 나의 선택으로 인해 분란이 생기지 않으면 좋겠다는 것이다. 그렇게 다른 사람들을 배려한다는 이유로 나보다는 타인의 눈치를 많이 봤을 것이다. '내'가 빠진 선택과 결정을 계속함으로써 자신에게 화도 나고 지치기도 했을 것이다. 나 역시 그랬다. 우리는 대체 왜, 결정의 순간만 되면 '나'라는 존재를 잊어버리는 걸까?

그렇다면 결정을 두려워하는 사람으로 살지 않기 위해서 나에게 가장 필요한 것은 무엇일까? 바로 내 삶의 주체가 '남'이 아닌 '나'라는 주체성을 가지는 것이다. 내가 주체가 된다는 것의 핵심은 나를 아는 것이다. 내가 무엇을 좋아하고 싫어하는지, 내가 어떤 것을 꺼리는지, 또 어떤 것을 기꺼이 수용하는지, 내가 하고 싶은 것과 하기 싫은 것이 무엇인지 등을 정확하게 알아야 한다. 내 안에 있는 나와 직면하는 과정이 반드시 필요하다.

고민이 깊어질수록 미련만 남는다

'짜장면과 짬뽕 중에 뭘 먹을까?'

대한민국 사람이라면 누구나 해봤을 법한 이 고민. 그래서 나온 게 바로 짬짜면이다. 둘 다 먹고 싶고 어느 하나를 선택할 수 없는 사람들을 위해 나온 메뉴이다. 메뉴 하나 고르는 간단한 상황에서도 나와 같이 결정을 어려워하는 사람들은 너무나 많은 고민을 한다. 하물며 인생이라는 삶의 무대는 어떨까? 인생에서 나는 얼마나 많은 선택과 결정을 해야 할까?

그러나 나는 그동안 너무 신중했다. 너무 고민만 했다. 최상의 선택지를 알아보는 것조차 힘겨웠다. 고민에 고민을 거듭해 선택했는데도 후회와 미련만 남는 경우가 허다했다. 이런 삶이 정말 싫다고 느끼고 있을 때쯤 내 삶을 바꿀 커다란 일이 일어났다.

회사를 다닌 지 3년, 원하는 부서와 직무로 변경할 수 있는 좋은 기회가 생겼다. 회사 생활을 하면 꼭 해보고 싶은 일이었다. 담당 업무와 역할이 주어졌고, 잦은 출장과 야근을 해야 했지만 피곤함을 전혀 느끼지 못할 정도로 즐거웠다. 부서가 바뀐 지 1년쯤 지났을 때 팀장님이 각자 담당했던 업무를 변경하자고 했다.

'기회가 왔다!'

그 당시 나에게는 새롭게 도전해보고 싶은 일이 있었다. 그런데 나는 팀장님께 하고 싶은 일을 얘기하지 못했다. 말하려는 순간 갑자기 여러 가지 생각이 몰려왔다.

'내가 이런 말을 하면 당돌하게 보이지 않을까? 1년밖에 안 된 내가 하고 싶은 것을 얘기해도 될까? 다른 팀원들이 개념 없다고 하지 않을까?'

그렇게 나는 침묵을 선택했다.

'팀장님이 때가 되면 얘기해주시겠지. 지금 내 일만 열심히 하고 있으면 팀장님이 알아서 정리해주실 거야.'

이런 생각을 하며 맡은 일에 묵묵히 최선을 다했다.

그런데 3개월이 지났을 무렵 팀장님이 나에게 얘기했다.

"우리 팀에 섬이 있어. 최훈 섬이라고."

나는 침묵을 지키는 사이 회사 일에 의욕도 없고 다른 팀원들과 교류도 없이 섬처럼 혼자 자기 일만 하는 사람이 되어 있었다. 이게 웬 날벼락 같은 소리지?

너무 억울했다. 아직 내가 자격이 되지 않은 것 같아서 기다렸을 뿐이고 당분간 주어진 일에 최선을 다하면서 다음 기회에 하고 싶은 일을 얘기하는 게 맞다고 판단했을 뿐이다. 그런데 나를 '섬' 같은 존재로 몰아가리라고는 생각지도 못했다. '내가 하고 싶은 것을 명확하게 얘기할걸, 왜 다른 팀원들의 눈치를 봐서 이 상황까지 만들었을까.' 그제야 물밀듯 후회가 몰려왔다.

기회가 주어졌을 때 내가 정말 원하는 것을 똑 부러지게 말하지 못하는 것이 이렇게 많은 문제와 억울함을 가져다줄 수 있구나, 나의 행동 하나가 수많은 오해와 나에 대한 잘못된 인식을 불러일으킬 수 있구나, 하는 것을 깨달았다. 나는 그제야 비로소 아무것도 선택하지 않은 나의 선택이 잘못됐다는 것을 깨달았다. 너무 속상해서 퇴근 후 집에 돌아오자마자 화장실 거울을 보며 '너 이렇게 살지 마!'라고 외쳤다. 그리고 정말, 두 번 다시 이렇게 살지 않기로 결심했다.

이제는 내가 정말 좋아하는 것, 하고 싶은 것이 무엇인지 명확히 말하는 사람이 되고 싶다, 눈치 보지 않고 자신 있게 내가 원하는 것을 이야기하고 싶다, 선택 후에도 더 이상 후회하지 않고 설령 잘못된 선택을 하더라도 '잘했구나'라고 스스로를 인정하는 사람이 되고 싶다, 주변 사람들에게 '속을 알 수 없어. 무슨 생각을 하는지 모르겠어'라는 말보다 '색깔이 확실한 사람'이라는 평가를 듣고 싶다. 이 책을 읽는 우리 모두 내 마음과 같지 않은가?

그날 이후로 나에게는 작은 변화가 일어났다. '나'라는 사람을 조금씩 알게 되었다. 내가 원하는 것이 무엇인지, 좋아하는 것이 무엇인지를 말이다. 그리고 나의 마음속에 있는 나와 직면하게 되면서 훨씬 더 주체적으로 내게 주어진 일에 대한 선택과 결정을 하게 됐다. 쓸데없는 오해 대신 나를 더 잘 이해시키는 쪽으로 변화했고, 기회를 놓치는 대신 적극적으로 잡는 사람이 되었다. 그렇게 결정을 머뭇거리고 도망치려는 나의 오랜 이미지를 벗어던졌다.

그리고 이제 나는 프로결정러다. 내 앞에 놓인 선택의 상황에서 내가 원하는 것이 무엇인지 명확하게 알고 그것을 선택하는 사람이다. 주변 상황과 분위기에 휩쓸리지 않고 내가 좋아하는 것, 잘하는 것, 나에게 필요한 것이 무엇인지를 말하고 실천할 수 있는 사람이다. 누구든 프로결정러가 될 수 있지만 누구나 프로결정러가 되는 것은 아니다. 나에 대한 확신이 바탕이 되어 내가 원하는 선택과 결정을 할 수 있는 사람만이 프로결정러가 될 수 있고, 이를 위해서는 연습과 노력이 필요하다.

나 역시 선택과 결정을 잘 못 하는 사람이었다. 선택과 결정을 하지 못해 수십 번 땅을 치고 후회한 적도 있고 회사에서 우유부단하다는 평판으로 도망치고도 싶었다. 선택과 결정을 해야 하는 순간이 오면 너무 긴장이 된 나머지 머릿속이 하얘지고 손이 떨렸다.

그러나 언제까지 선택과 결정의 상황에서 도망치거나 다른 사람의 손에 맡기고 의지하면서 살 수는 없었다. 그래서 나는 변화하기로 다짐했다. 지난 일들은 다 잊어버리고 앞으로는 당당하게 선택과 결정을 잘하는 사람으로 살기로 스스로 약속했다. 내가 어떤 노력의 과정을 거쳐서 변화했는지를 보면서 당신도 나처럼 프로결정러가 되는 길을 같이 따라가 보자. 그럼 지금부터 그 긴 여행의 첫 단계를 시작해보자.

메이비족? 햄릿증후군? 선택불가증후군?

'나 혹시 선택불가증후군인가?'라고 심각하게 고민한 적이 있다. '뭘 이런 걸 가지고 고민해?'라고 생각할 수 있는 일들도 당시 나에게는 아주 심각한 고민 중의 하나였다.

대학생 시절, 학교 앞 피자집에서 첫 아르바이트를 시작해 받은 월급으로 N사 신발을 사러 대구 시내에 있는 한 매장에 방문했다. 고등학교 때부터 갖고 싶었던 신발이어서 돈을 벌면 꼭 사겠다는 나름의 목표를 세웠다. 하지만 N사 매장에 도착한 순간 사고 싶었던 신발에 대한 생각이 싹 사라졌다. 형형색색의 다양한 스타일과 디자인의 신발들이 모두 나를 반기며 '빨리 와서 사! 뭐 하고 있어!'라고 손짓하는 것만 같았다. 유혹을 뿌리치고 처음부터 사려고 했던 신발을 신어봤다. 하지만 이미 나의 마음은 흔들리고 시선은 다른 신발에 가 있었다.

'이왕 온 김에 이것저것 다 신어보지, 뭐'라는 생각으로 원래 사려고 했던 신발은 아주 잠깐 보고 다른 신발들을 신어보기 시작했다. 이 신발 저 신발 들었다 놨다 수십 번 하고 신어보기까지 하며 시간 가는 줄 몰랐다.

"이 모델은 올해 나온 신상품이에요! 반응이 좋아서 사이즈가 얼마 안 남았어요."

막상 신발을 신어보니 내 발에 꽉 꼈다.

'걸으면 발이 아프겠는걸.'

"손님 발에 딱 맞네요. 가죽이라서 지금은 작게 느껴져도 신다 보면 금방 늘어나요. 발이 굉장히 작아 보이고 잘 어울리네요."

'정말 괜찮을까? 발이 아프면 오래 못 신지 않을까?'

"손님 사이즈는 전국에 이거 딱 한 켤레 남은 거예요. 더 이상 생산하지 않는 한정판 제품이라 지금 사셔야 해요."

"아……, 그런가요?"

직원의 현란한 호객 멘트에 정신없이 빠져들었고, 처음에 사려고 했던 모델은 이미 안중에도 없었다. 결국 나는 전국에 딱 한 점 남았다는 한정판 신발을 구매하고 말았다.

과연 나는 내 선택에 만족했을까?

염려했던 대로 그 신발은 한두 번 신은 뒤에도 늘어나기는커녕

발이 너무 아파서 이후로 신지 않았다. 결국 그 한정판 신발은 애물단지가 되어 신발장 깊숙이 모셔놓고 먼지만 쌓여갔다.

'이럴 줄 알았으면 조금 더 신중하게 생각해보고 결정할걸…….'

직원의 호객 멘트에 넘어가 정작 사려고 했던 신발은 사지도 못하고 돈만 더 쓰고 말았다는 후회가 밀려왔다. 신발을 고르기 위해 투자한 시간과 노력, 금액 대비해서 후회가 클 수밖에 없었다. 지금도 또렷하게 그때의 기억이 날 정도로 신발을 산 이후에도 나의 선택을 여러 번 후회했다.

신발 구매는 사소한 것이지만 선택과 결정을 어려워하는 그 순간의 나는 정말 많은 고민을 할 수밖에 없었다. 예산 범위를 초과했다는 점, 사이즈가 작아서 발이 아플 수 있다는 점, 한정판이라는 직원의 말, 꼭 갖고 싶었던 신발이 있다는 것 등 고려할 부분이 있었지만 결국 내가 아닌 다른 사람, 점원의 말과 주변 분위기에 휘둘려 얼떨결에 신중하지 못한 결정을 내리고 말았다.

선택과 결정을 해야 할 사항들이 더욱더 많아지고 있는 요즘 이를 어려워하는 사람들을 부르는 표현들이 많다. 첫 번째는 햄릿증후군이다. "죽느냐 사느냐, 그것이 문제로다"라는 대사로 유명한 윌리엄 셰익스피어의 희곡 《햄릿》의 주인공에서 따온 것이다. 햄릿은 아버지를 죽이고 왕이 된 작은아버지 클로디어스에게 복수하기 위해 고민하는 과정에서 이 대사를 읊조린다. 살면서 정말로 심각한 문제에 부딪혔을 때 삶과 죽음을 결정할 만큼 중요하다는 의미로 자주 사용되는 말이다. 하지만 과도하게 많은 선택의 상황에서 이도 저도 결정하지 못하는 사람들의 심리를 비유하기도 한다.

두 번째는 메이비족이다. 독일의 저널리스트 올리버 예게스(Oliver Jeges)의 저서 《결정장애 세대 : 기회의 홍수 속에서 길을 잃은 사람들》에서 처음 등장한 용어이다. 넘쳐나는 정보와 다양한 기회 속에서 '예' 또는 '아니요' 대신 '~한 것 같아요' 또는 '글쎄요'라는 애매한 대답을 일삼거나 타인의 의견에 과잉 의존하고 과도하게 결정을 지연하면서 타인에게 위임하는 특징을 자주 보이는 사람들을 가리킨다.

부정하고 싶지만 사실 나도 햄릿증후군, 메이비족이었다. 선택과 결정하는 것에 대한 걱정과 부담감을 갖고 있었고, 타인의 선택과 결정에 전적으로 의존했다. 심지어 내가 원하는 것, 하고 싶었던 것, 말하고 싶었던 것이 있어도 말 한마디 하지 못하고 주변 사람들의 눈치만 봤다. 신중하다는 핑계로 선택과 결정의 상황을 회피하기도 했다. 때로는 어렵게 내린 결정을 번복하기도 했고, 나중에는 번복한 선택을 후회했다. 하지만 나는 선택과 결정을 어려워하는 나의 상태를 인정하지 않았다.

탄생과 죽음 사이에는 무수한 선택이 있다

프랑스의 작가이자 사상가 장 폴 사르트르는 "인생은 B(Birth)와 D(Death) 사이의 C(Choice)다"라는 말을 남겼다. 인생은 무수히 많은 선택의 순간에 놓여 있다. 또한 정보의 홍수 속에 살면서 무수히 많은 선택지가 우리 주변에 존재한다. 카페에서 음료를 시킬 때, 식당에서 메뉴를 고를 때, 옷가게에서 옷을 고를 때, 심지어 넷플릭스나 웨이브와 같은 OTT 서비스에서 보고 싶은 영상을 고르는 것과 같은 사소한 것부터 배우자를 선택하고 이사할 집을 고르고, 자녀 계획을 세우고, 직장을 구하고, 앞으로 10년, 20년 후 나의 모습을 계획하는 것 등 인생에서 중요한 부분까지 매 시간, 매 분, 매 초 단위로 선택과 결정을 한다.

선택과 결정은 우리가 살아가는 데 빠질 수 없는 행위다. 매 순간 선택과 결정을 잘하지 못한다면 나의 선택불가증후군이 어느 정도인지 객관적으로 냉정하게 파악할 필요가 있다.

다음은 《결정장애 세대》에 나오는 체크리스트이다.

	항 목	선택
1	식사할 때 타인이 정해준 메뉴를 먹는다.	○ ×
2	옷이나 물건을 살 때 남에게 꼭 물어보고 구매한다.	○ ×
3	질문을 받으면 '글쎄? 아마도?'라고 얼버무릴 때가 많다.	○ ×

4	사소한 감정을 부탁하는 글을 인터넷에 자주 올린다.	○ ×
5	TV 프로그램을 선택하지 못해 계속 채널을 돌린다.	○ ×
6	선택을 강요받으면 극심한 스트레스를 받는다.	○ ×
7	적절한 선택을 못 해 일상생활에서 피해를 입은 적이 있다.	○ ×

출처 : 《결정장애 세대》, 올리버 예게스, 강희진 옮김, 미래의창, 2014.

'○'가 0~2개이면 명쾌한 선택과 결정이 가능한 사람이다. 3~5개는 메이비족 신참 수준이고 주변에서 조금 답답해하는 사람이다. 6개 이상은 메이비족 고참 수준으로 심각하게 결정을 못 하는 사람이다. 과거의 나는 6개로 중증 수준이었다.

나 자신이 선택과 결정을 어려워하는 것을 알고 있었지만 회피하고 숨기고 싶었다. 그 이유는 첫째, 우유부단한 사람으로 보이고 싶지 않았기 때문이다. 결정을 잘하지 못하면 일 처리 속도가 늦고 자신감이 없어서 망설이기만 하고 결단성이 없는 사람이라는 취급을 받는다. 우유부단하다는 평가는 사회생활에서 마이너스가 될 것이라고 생각했다. 나는 사회생활에서 추진력 있고 결단력 있는 사람, 일을 믿고 맡길 수 있는 사람으로 평가받고 싶었다.

두 번째 이유는 완벽주의자가 되고 싶었기 때문이다. 완벽주의자라고 하면 일뿐만 아니라 인간관계에서도 깔끔하고 멋있어 보였다. 공적, 사적으로도 어느 것 하나 실수 없는 완벽한 사람이 되고 싶었다. 하지만 완벽해지기 위해서는 더 많은 고민의 과정, 결정의 과정이 필요했다. 완벽한 결정이라고 생각했던 것도 부족한 부분이 보이면 자책과 원망을 하고 좌절했다.

나는 선택과 결정을 어려워하는 나의 모습을 온전히 받아들이지 못했다. 타인과 비교하며 자책했고 변하기 위한 노력도 하지 않았다. 타인이 원하는 모습에 나를 맞추다 보니 마치 맞지 않는 옷을 억지로 입으려는 것처럼 몸도 마음도 점점 지쳐갔다. 나 자신을 잃어가는 것 같아서 무언가 해결책을 고민하기 시작했다. 그리고 그 첫걸음이 나에 대해 인정하는 것임을 깨달았다.

선택과 결정에서 자유로워지기 위해 내가 가장 먼저 한 것은 선택과 결정은 누구에게나 쉬운 문제가 아니라는 것을 인정하는 것이었다. 누구에게나 선택과 결정은 어렵다. 다만 사안에 따라 쉽게 결정할 수 있는 것도 있지만 많은 시간과 노력, 비용을 투입해서 옳은 결정, 내가 원하는 결정을 해야 하는 경우도 있다는 것을 자연스럽게 받아들이려고 노력했다.

'선택과 결정에서 자유로워지기'는 자칭 선택불가증후군을 갖고 있는 내가 깨달은 가장 기본 마인드이자 선택과 결정의 어려움을 극복하고 신중한 사람이 되기 위해 가장 우선적으로 가져야 할 마음가짐이었다.

선택불가증후군이 없다고 자부하는 사람들, 가령 '내가 원하는 것을 바로 말하고 결정할 수 있어'라고 말하는 사람도 중요한 선택과 결정의 순간에는 당연히 고민을 한다. 다만 생각과 고민의 시간이 조금 짧아서 조금 빨리 말하고 행동할 뿐이지 더 뛰어난 능력을 갖고 있는 것은 아니다. 그들이 인간관계, 업무, 학업 등에서 나보다 훨씬 우월하고 능력이 출중하다고 생각하지도 않는다. 이렇게 생각과 마음가짐을 바꾸기 시작하자 한결 마음이 편해지고 스트레스도 훨씬 덜 받았다.

지금도 선택과 결정의 순간이 오면 꼭 한 가지를 떠올린다. 갖고 싶었지만 사지 못한 그 신발. 지금은 마음에 드는 신발을 충분히 살 수 있을 만큼 경제력을 가지고 있지만 아직까지 그 신발을 사지 않고 있다. 나의 취향이 변하기도 했지만, 그 신발을 매장이나 길거리에서 보면 신중한 선택을 하지 못했던 그때 기억이 떠오르기 때문이다. '앞으로 그러한 선택과 결정의 순간이 다시 오면 같은 실수를 하지 말아야지'라고 스스로 다짐하면서 선택불가증후군으로 살지 않겠다는 나와의 약속을 기억하고 지키기 위해서다. 그럼에도 아직까지 씁쓸함이 남아 있는 것은 선택불가증후군을 가진 사람의 어쩔 수 없는 숙명일 것이다.

잠깐만! 난 생각할 시간이 필요해

사회생활을 시작하면서부터 습관적으로 하는 말이 있다.

"언제까지 해야 하나요?"

상급자가 업무를 지시할 때, 동료가 프로젝트 관련해서 도움을 요청할 때, 후배에게 부탁을 받을 때도 업무를 언제까지 처리해야 하는지 항상 기한을 물어본다. 이유는 여러 가지가 있다. 첫 번째는 명확한 기한이 있어야 스케줄을 짤 수 있기 때문이다. 의사 결정을 하고 의견을 전달하고 자료를 준비하는 데 필요한 시간을 역순으로 계산해서 상대방이 원하는 시간 안에 결과물을 제출하기 위해서다.

두 번째는 나에게 필요한 시간을 확보하기 위해서다. 나는 선택과 결정을 잘 못 하는 사람이다. 의사 결정을 하고 의견을 말하기까지 생각을 정리할 시간이 필요한데, 충분한 시간이 없다면 크고 작은 실수를 한다.

첫 회사의 본사에서 근무하던 시절, 그룹 경영진이 급하게 자료를 요청한 적이 있다. 당시 그 업무를 담당하던 나에게 팀장님은 바로 자료 준비를 지시했다.

"최 매니저, 경영진 긴급 자료니깐 바로 준비해줘."

큰일이다. 긴급 자료라고 한다. 평소에도 하던 일이었지만 긴급하다고 하니 머리가 멍해지고 손이 떨렸다. 뭐부터 해야 할지, 어디서부터 어떻게 자료를 만들어야 할지 감이 오지 않았다. 일단 기존에 있던 파일을 찾아서 이것저것 나름대로 수정 작업을 하고 있었다. 얼마 지나지 않았는데 팀장님이 물었다.

"최 매니저, 얼마나 됐어?"

"한…… 20% 정도 됐습니다."

"알았어. 일단 빨리 해봐."

그리고 30분도 지나지 않아 팀장님이 또 물었다.

"최 매니저, 아직 멀었어?"

"아…… 네……. 팀장님…… 빨리 하겠습니다."

"뭐가 어려운데, 아직까지 못 하고 있어? 비켜봐."

결국 팀장님이 내 자리에 앉았다. 한숨을 푹 쉬더니 내가 작업하던 파일을 본인이 직접 수정하고 출력해서 보고하러 올라갔다.

그때는 회사 생활 최대의 위기가 찾아온 것 같았다. 주위의 모든 동료들이 나를 한심하게 보는 것 같았다. 얼굴은 뜨거워지고 등에서 식은땀이 흐르고 고개를 푹 숙인 채 죄인처럼 앉아 있었다.

'나는 왜 이럴까? 평소에 하던 일인데 뭐가 어려워서 이렇게 답답하게 일을 처리하는 것일까?'

나에 대한 실망감, 팀원으로서 역할을 하지 못한 것에 대한 죄책감 등 부정적인 생각들이 나의 머릿속에 가득했다.

시간이 필요하다는 것을 명확하게 알려라

'나에게 조금만 시간이 더 있었다면…….'

녹초가 되어 퇴근하는 길에 나의 머릿속에 '충분한 시간이 있었다면'이라는 핑계만 계속 맴돌았다. 상급자의 지시 사항에 대해 충분히 고민할 시간, 의견을 문서에 담을 시간, 보고를 위해 준비할 시간이 있었으면 그런 실수와 창피를 당하지 않았을 텐데, 하는 생각뿐이었다. 회사 생활을 하다 보면 모든 일에 충분한 시간을 쓸 수 없을 때가 많다. 그때마다 위축돼서 제 역할을 하지 못하면 안 된다.

그래서 나는 "언제까지 해야 하나요?"라는 질문을 하기 시작했다. 내가 지시 사항을 듣고 업무를 처리하는 데 걸리는 예상 시간을 판단하여 "30분 안에 또는 1시간 안에 처리하겠다"라고 먼저 소요 시간을 이야기하기도 했다. 이 말에는 '잠깐만! 난 30분 또는 1시간 동안 생각할 시간이 필요해!'라는 숨은 의도가 담겨 있다.

업무를 지시한 사람에게 '저는 선택과 결정을 잘 못 하는 사람이니 잠시 시간이 좀 필요합니다'라고 말할 수는 없다. 스스로 업무를 처리하고 보고하는 데 필요한 시간을 판단하여 나만의 시간을 확보하는 방법으로 터득한 것이 '마감 기한'이다.

선택과 결정에 어려움을 느끼는 사람들에게는 시간이 필요하다. 고민할 시간은 반드시 있어야 한다. 그렇지 않으면 나의 선택에 대한 불안감과 신중하지 못한 결정에 대한 후회가 2배, 3배가 된다. 하지만 시간이 많다고 해서 무조건 올바른 선택과 결정을 하는 것도 아니다. 사회생활과 업무도 항상 충분한 시간을 보장해주지 않기 때문에 나와 관계를 맺고 있는 사람들에게 명확하게 말해야 한다.

"시간이 조금 필요합니다."

주위 사람들은 왜 아직까지 일이 끝나지 않는지, 업무를 수행하는 데 얼마나 소요되는지, 의사 결정을 하기까지 얼마나 남았는지, 지시한 것에 대한 피드백은 언제쯤 하는지 등을 말하지 않으면 전혀 모른다. 그러면 서로 간에 오해가 생긴다. 같이 일하는 동료, 주변 사람들이 오해하지 않도록 나의 상황과 상태를 명확하게 알려야 한다. 나의 선택과 결정을 기다리는 사람들뿐만 아니라 나 자신을 위해서도 시간이 필요하다.

주변에 선택과 결정을 어려워하는 사람이 있다면, 행동 하나하나가 느리고 답답해 보인다면 잠시 생각해보자. '아! 생각할 시간이 필요한 사람이구나', '아직 고민을 하고 있구나'라고 말이다. 일정 시간이 지난 후 고민의 결과를 바탕으로 선택과 결정을 할 것이다.

그날 이후로 회사 상급자에게 업무를 지시받았을 때는 "팀장님! 제가 언제까지 처리하겠습니다"라고 말한다. 스스로 해야 할 업무나 선택을 앞두고 있을 때도 '잠깐 생각할 시간을 갖자'고 의식하면서 시간을 확보하려는 습관이 생겼다.

생각할 시간을 갖는 습관은 선택과 결정을 어려워하는 사람에게 고민할 시간을 마련해주고 일의 완성도를 높이며 올바른 답안지를 찾는 데 큰 도움이 된다는 것을 꼭 기억하길 바란다. 이제 다 같이 생각할 시간을 한번 가져보자!

후회를 두려워하면 결정하지 못한다

후회(後悔), "이전의 잘못을 깨치고 뉘우침"이라는 뜻의 두 글자는 나와 떼려야 뗄 수 없는 단어다. 배달 앱을 통해 식사 메뉴를 고를 때, 아웃렛에 가서 옷이나 신발을 고를 때, 마트에 가서 장보기를 할 때와 같은 일상적인 상황뿐만 아니라 회사에서 업무를 추진할 때나 이직과 같은 인생의 중요한 순간까지 선택과 결정을 잘하지 못하는 나에게는 항상 후회가 따랐다.

사람들과 만나서 다양한 주제로 이야기를 나누거나 새로운 도전을 위해 면접을 볼 때 '지금까지 살면서 가장 후회되는 일이 무엇이냐'라는 질문을 받아본 적이 있을 것이다. 나의 경우 이 질문을 받으면 속으로 생각한다. '수도 없이 많은데 어디서부터 어디까지 이야기를 해야 할까?' '이런 것까지 후회한다고 말해야 하나?'

반면 선택이나 결정에 거침없고 이미 정한 것에 별로 미련을 두지 않으며 '전 후회한 적이 없습니다'라고 말하는 사람이 대단해 보인다. '어떻게 후회를 안 하면서 살 수 있지?'라는 생각에 자괴감에 빠질 때도 있다.

정말 후회를 안 하고 살 수 있을까? 자기 확신에 가득 차서 선택과 결정을 한다고 해도 정말 후회를 안 할 수 있을까? 스스로 의문을 갖던 어느 날, 나의 아내를 만났다.

아내는 나와 정반대 성격을 갖고 있다. MBTI를 기반으로 만들어진 다양한 유형의 심리 테스트를 해보면 나와 상극인 사람이라고 나올 정도로 생각하고 행동하고 말하는 방법이 완전히 다르다.

하루는 아내와 앞으로 어떻게 살지에 대한 주제로 심도 있게 이야기를 나눴다. 결혼 5년 차 부부이기에 가능한 주제들, 앞으로 어디서 어떻게 살지, 어떤 일을 하면서 살지, 10년, 20년 뒤에는 어떻게 사는 것이 행복한 삶인지에 대한 이야기를 나누던 중 고민을 늘어놓으며 한숨만 쉬고 있는 나에게 아내가 아주 현명한 답을 내려줬다.

"어떤 결정을 하든 당신이 한 거야. 스스로를 믿고 한번 해봐."

순간 머리를 한 대 맞은 것처럼 정신이 번쩍 들었다. 다양한 책을 읽고 좋은 이야기를 많이 들어도 이렇게 큰 깨달음을 얻지는 못했다. 생각지도 못한 순간, 아내가 복잡하고 답답한 나의 머릿속을 깔끔하게 정리해준 것이다.

나는 사소한 것조차 선택과 결정을 잘하지 못하는 사람이고, 항상 후회하면서 지나간 과거를 되돌리고 싶은 마음이 간절했다. 아내의 한마디는 그런 내 생각과 행동을 바꾸는 데 큰 영향을 주었다.

괜찮아! 그 결정도 너야

선택과 결정을 어려워하는 사람들은 선택과 결정을 해야 하는 순간 여러 가지 생각에 사로잡힌다. '이것이 가장 좋은 방법일까? 혹시나 내가 모르는 다른 대안이 있지 않을까? 이렇게 행동하면 좀 덜 후회할까?' 나의 선택과 결정에 대한 확신이 없기 때문에 걱정하면서 보내는 시간이 선택과 결정을 지연하는 데 한몫한다. 하지만 어느 누구도 100% 만족하는 답을 알지 못한다. 정답이 있을 수도 없다. 그런데 우리는 이것을 깨닫지 못한다. 왜 그럴까? 이유는 생각보다 간단하다.

선택과 결정을 잘하는 사람, 내가 내린 결정에 후회하지 않는 사람들을 한번 떠올려보자. 그들은 거침없고 추진력도 있어 보이며 완벽해 보이기까지 한다. 정말 그들은 후회하지 않는 것일까?

그들과 우리의 차이점은 하나다. 바로 내가 내린 선택과 결정을 어떻게 인식하느냐 하는 것이다. 그들은 자신이 선택한 것, 이미 내린 결정을 믿고 실행하는 데 집중한다. 실행하는 데 발생되는 장애물, 제한 사항이 없는지를 파악하고 그 문제를 해결하는 데 관심을 쏟는다. 뿐만 아니라 무엇이 되었든 나의 선택과 결정을 믿는다. 그 선택과 결정이 마치 자신인 것처럼 스스로에 대한 확신을 갖는다.

반대로 나처럼 선택과 결정을 잘하지 못하는 사람은 선택과 결정의 과정에서 일단 나는 없다. 내가 내린 선택과 결정이지만 나에 대한 믿음이나 확신이 없다. 그렇기 때문에 더욱더 걱정이 많고 후회만 늘어난다. 결정한 사항을 실행할 때도 선택하지 않은 것에 대한 후회와 아쉬움이 앞서다 보니 제대로 집중하지 못한다.

우리는 지금까지 이렇게 살아왔다. 후회와 아쉬움만 가득한 채 '더 이상 이렇게 살고 싶지 않다'는 생각만 하면서 말이다. 선택과 결정을 잘하는 것은 물론 추진력과 리더십이 있는 사람들을 부러워하며 '나는 왜 이럴까?' 자문하면서도 변하려고 하지 않았다.

이제는 정말 멈춤을 하자. 작은 것 하나라도 시도해보고 나의 것으로 받아들이려고 노력해보자. 그 첫걸음을 나와 함께 '나'를 믿고 차근차근 하나씩 해보자.

그 첫 번째 단계가 바로 나를 인정하는 것이다. 덜 후회하고 덜 걱정하기 위해서라도 나의 선택과 결정도 '나'라는 것을 받아들이자. 내가 내린 결정이 어떤 결과를 가져오든 그 결정을 한 나에 대한 믿음을 가질 필요가 있다. 나에 대한 믿음, 자기 확신이 선택과 결정을 잘하기 위한 시작이다.

인생에는 정답이 없다. 내가 내린 결정이 어떤 결과를 가져올지 어느 누구도 장담할 수 없다. 선택과 결정이라는 행위 자체에 대한 심적 부담감을 줄이기 위해 그 행위를 하는 순간순간의 나를 믿는 것이 가장 현명한 방법이다.

"추억은 가슴에 묻고 지나간 버스는 미련을 버려."

영화 〈내부자들〉에서 가장 좋아하는 대사이다. 지나간 버스는 돌아오지 않는다. 지나간 시간도 돌아오지 않는다. 내가 내린 선택과 결정도 절대 돌이킬 수 없다. 지나간 버스는 신경 쓰지 말고 선택과 결정에 대해 무의식적으로 가졌던 걱정과 두려움을 편하게 내려놓는 마음가짐이 필요하다.

어떠한 결정이든 내가 한 것이다. 후회라는 말속에는 뉘우치다는 의미도 있다. 새로운 시작을 준비하기 위해 이 말은 꼭 기억하자.

'괜찮아! 그 결정도 너야!'

내 인생의 주인공은 누구인가?

　내 인생의 주인공은 어느 누구도 아닌 나다. 다른 사람이 내 인생을 대신 살아줄 수는 없다. 인생에는 수많은 선택과 결정의 순간이 있다. 어떤 선택을 하느냐에 따라 나의 인생 또는 눈앞의 현실이 바뀌는 상황은 우리가 숨 쉬고 있는 이 순간에도 계속된다. 메뉴를 고르는 순간, 영화를 고르는 순간, 옷을 고르는 순간, 대학을 고르는 순간, 직장을 고르는 순간, 인생의 반려자를 고르는 순간 등 선택과 결정으로 이어진 나의 인생에서 나는 얼마나 주인공으로 살았을까? 이것은 주도적인 인생을 살아가느냐 하는 매우 중요한 문제이다.

　'인생에서 세 번의 기회가 찾아온다.' 나는 어릴 적부터 아버지에게 이 말을 여러 번 들었다. 아버지와 대화를 하다 보면 어느 순간 인생에서 기회는 세 번 찾아오니 항상 준비하고 선택을 잘해야 한다는 말로 끝이 났다. 너무 뻔하고 지겨운 말이었지만 아버지의 이야기를 듣고 나면 항상 나를 돌아보게 되었다.

과연 나에게는 그 기회가 언제 올까? 그 기회가 왔을 때 나는 정말 옳은 선택과 결정을 할 수 있을까? 그 질문의 답은 모두가 알고 있듯이 나에게 달려 있다.

인생의 주인공으로 사는 것 같지만 어느 순간 '인생의 주인공이 과연 내가 맞나?'라는 생각이 들 때가 있다. 학생은 학생답게, 직장인은 직장인답게, 남편은 남편답게, 아버지는 아버지답게, 이런 말로 내가 속해 있는 집단과 상황에 따라 나의 역할이 규정된다. 각자 주어진 역할을 충실하게 수행하지 않는 사람을 사회에 적응하지 못하는 사람이라고 판단한다. 나에게 부여된 역할만 잘 수행하면 나의 인생을 사는 것일까?

이런 회의감과 의문을 갖는 계기가 찾아온다면 지금까지 살아온 인생을 되돌아보고 어떻게 하면 나의 인생을 살아갈 것인가 하는 질문에 대한 답을 찾기 위해 고민해야 하는 시기다. 나에게도 이런 시기가 찾아왔다.

나는 보통의 20대 남자들과 다르게 군 생활을 오래 했다. 장교로 약 8년을 복무하면서 많은 일들을 경험했다. 장교로 근무하게 된 계기도 사실 부모님의 영향이 컸다. 조금 더 나은 사회적 지위와

계층으로 올라갈 수 있다는 이유로 장교 지원을 하는 것이 어떠냐는 부모님의 제안에 아무 의심 없이 선택했다. 그런데 건강상의 이유와 군 조직의 특수성으로 인해 전역을 해야겠다는 결심이 선 순간 30년 인생을 되돌아보게 되었다.

전역을 하면 무엇을 하고 살아야 할지, 앞으로는 어떤 인생을 준비해야 할지 등 인생의 중요한 순간 나는 불안했고 걱정이 많았다. 어떤 선택을 해야 나의 인생을 주도적으로 살 수 있는지 전혀 알 수 없었다. 차라리 부모님이 장교의 길을 선택하라고 하셨던 것처럼 나의 인생을 내가 아닌 누군가가 정해주면 좋겠다는 생각도 많이 했다. 처음으로 철학관을 찾아가 사주팔자를 보고 미래에 대한 진로를 상담할 정도로 고민이 많았다.

내 삶은 나의 선택으로 이루어진다

먼저 전역한 동기들과 선후배, 학창 시절 친구들에게 전역 전에 어떤 준비를 해야 하는지, 어떤 마음가짐을 갖고 있어야 하는지 등을 물어보면서 답을 찾으려고 했다. 하지만 나의 입장과 상황을 정확하게 알지 못하는 그들의 조언과 충고를 들을수록 머릿속만 더 복잡해질 뿐이었다. 결국 나의 선택과 결정만이 나에게 남아 있는 마지막 숙제였다.

마지막 숙제를 해결하기 위해 내가 할 수 있는 최선의 방법은 나를 믿는 것이었다. 이 숙제를 해결하는 순간부터 다른 사람의 시선이나 기대가 아닌 나의 인생을 사는 것이기 때문에 나 스스로를 믿지 않으면 안 되었다. '나 자신을 믿자. 난 할 수 있다'는 신념 하나로 전역을 했다. 주변 사람들의 조언도 내가 가려는 길과 방향성에 맞지 않으면 과감하게 무시했다.

군대를 벗어나 사회에 나온 것이 때로는 겁나고 무섭기도 했지만, 나의 인생이기에 모든 것은 나의 선택과 결정으로 만들어나가야 했다. 다른 사람들보다 시작이 조금 늦더라도 휴식 기간과 준비 기간은 필요하다고 판단했다. 그래서 취업 준비를 바로 하지 않고 3개월간 리프레시(refresh) 시간을 가지면서 내가 하고 싶은 것과 가고 싶은 곳을 명확하게 정하는 시간을 보냈다. 3개월 뒤 나는 주변 사람들의 걱정과 불안한 눈빛에 아랑곳하지 않고 내가 생각한 기준과 방향, 목표에 맞춰 회사에 취직했다.

영화 〈트루먼 쇼〉에서 주인공 트루먼은 세트장이라는 가상공간에서 태어나 학교를 다니고 직장에 들어가서 결혼도 한다. 어느 날 아버지와 바다로 나가 항해하던 중 아버지를 잃은 후로 바다에 대한 극도의 두려움을 갖고 있다. 그런데 죽었던 아버지가 살아 돌아오는 상식 밖의 일들이 벌어지면서 트루먼은 본인이 사는 세상에 대한 의심을 하게 된다. 결국 그는 세상의 모든 것들이 자신을 중심으로 돌아간다는 것을 알게 된다. 그리고 진실을 파헤치기 위해 가장 두려워하는 바다로 나가기로 결심한다.

이 영화가 개봉할 당시의 포스터에는 '지금 당신은 진짜 인생을 살고 있나요?'라는 문구가 적혀 있었다. 내가 알고 있던 세상이 진짜가 아니라고 느끼는 순간, 지금 살고 있는 인생의 주인공이 내가 아닌 것 같다고 생각하는 시기에 진한 감동과 함께 '나의 인생을 살자'라는 깨달음을 주는 영화다.

트루먼이 자신이 살고 있는 세계에 대해 의심을 가지고 있지만 지금의 현실에 맞춰서 살아갔다면, 정해진 각본 속에서 주어진 역할에 맞춰 살았다면 진실의 세계를 과연 알 수 있었을까? 자신이 가장 두려워하고 무서워하는 바다를 극복하려고 하지 않았다면 어떻게 되었을까? 이 2가지에 대한 답은 트루먼 자신의 선택과 결정에 있었고, 트루먼은 자신이 원하는 인생을 살기 위해 스스로의 믿음으로 선택했다.

인생은 한 번밖에 살지 못한다. 나의 인생을 살고 싶다면 살아가는 동안 마주하는 수많은 선택과 결정의 순간에 내가 원하는 선택과 결정을 하면 된다. 지금 눈앞에 있는 결정적 순간이 두 번 다시 오지 않을 기회일 수도 있고, 인생에서 딱 세 번 온다는 기회 중 하나일지도 모른다. 하지만 내가 원하는 선택과 결정을 할 때 더 큰 행복과 만족감을 얻을 수 있고, 또 다른 좋은 기회를 가져올 수도 있다.

내 인생의 주인공으로 살아가기 위해 반드시 큰 계기가 있어야 하는 것은 아니다. 선택과 결정의 순간에 정말 나를 위한 것인지, 내가 좋아하는 것인지, 이 선택으로 행복을 느낄 수 있을지를 판단해야 한다. 그리고 그보다 더 중요한 것은 나의 선택과, 그 선택을 한 나 자신을 믿는 것이다. 그렇지 않으면 다른 사람의 말에 따라 나의 선택이 계속 흔들리게 되고 또다시 나의 인생이 아닌 남의 인생을 살아가게 된다.

트루먼이 마지막으로 한 말이 있다.

"오늘 또 못 볼지 모르니 즐거운 점심과 저녁 되고 잘 자요."

자신의 인생을 살기 위해 두려움을 극복하고 던진 트루먼의 대사가 선택과 결정을 두려워하지만 나의 인생을 살고 싶어 하는 사람들의 마음속에 큰 울림을 준다.

신중함과 결정장애는 다르다

《어떻게 인생을 살 것인가 : 하버드대 인생학 명강의》를 쓴 쑤린 교수는 인간의 성격을 사교형(I), 신중형(C), 주도형(D), 안정형(S)으로 분류했다. 사교형은 매우 밝고 매사에 적극적이며 긍정적인 마인드를 갖고 있다. 실패하더라도 마음에 담아두지 않고 소소한 행복을 찾으면서 살아가는 유형이다. 주도형은 언제나 자신감이 넘치고 독립적인 성격으로, 주관이 뚜렷하고 중요한 순간에 빠른 의사 결정을 내리는 유형이다. 안정형은 자신을 과시하지 않고 인내심과 겸손한 태도를 가지며, 쉽게 감정을 표현하지 않아 비교적 편안한 인상을 준다. 마지막으로 신중형은 완벽을 추구하는 경향을 보이며 꼼꼼함과 주도면밀함으로 무슨 일이든 심사숙고한 후 계획대로 착실히 처리하는 유형이다.

4가지 중 어떤 유형이 선택과 결정을 가장 잘할까? 당연히 주도형일 것이다. 반대로 선택과 결정을 어려워하는 성격 유형은 대부분 신중형이다. 물론 상황에 따라 안정형인 사람도 우유부단한 성격으로 인해 선택과 결정을 어려워하는 경우도 있다. 하지만 신중형만큼 선택과 결정을 할 때 꼼꼼히 따져보고 분석하거나 걱정하고 고민하는 사람은 없을 것이다.

투자의 귀재 워런 버핏이 성격 유형 검사를 받는다면 어떤 결과가 나올까? 그의 명언이나 행동 방식, 투자 성향을 보면 과감하게 투자하는 주도형, 다양한 투자 정보와 인맥을 쌓는 사교형으로 짐작할 수 있다. 그중에서도 리스크 관리 경험을 보면 조금 더 정확하게 그의 성격 유형을 예측할 수 있다.

워런 버핏은 가장 성공적인 투자자의 덕목으로 '리스크 관리'를 뽑았다. 단 한 번의 실수로 지금까지 이루었던 성과를 한 번에 잃어버릴 수 있는 투자의 세계에서 리스크 관리야말로 성공과 실패를 판가름하는 중요한 요소이다.

그는 아주 작은 리스크조차 그냥 넘기지 않는 신중하고 꼼꼼한 사람이다. 본인의 신념에서 벗어나는 투자는 하지 않았고 기업 분석과 주변 정세, 흐름을 이해하고 투자의 타이밍을 정확하게 파악해서 리스크가 최저일 때를 최적의 투자 타이밍으로 판단했다고 한다.

나의 재산을 투자하는 상황에서 신중하지 않을 수 없다. 신중하게 고려하고 판단하여 내가 원하는 선택과 결정을 하는 것은 나의 당연한 권리이면서 나의 인생을 주도적으로 살아가는 방법이다.

나는 성격 유형 검사를 받으면 항상 안정형과 신중형이 비슷한 수준으로 나온다. 매사에 안정을 추구하고 신중하게 의사 결정을 하다 보니 가끔 주변 사람들은 나와 함께 무언가를 결정할 때 많이 답답해했다. 하지만 나는 모든 선택과 결정에 신중하고 싶었다. 인생에 큰 변곡점이 될 사건들에서 효율적으로 생각하고 행동하고 싶었다. 원하는 대학과 학과를 정하고 사랑하는 연인과 결혼을 하고 회사를 선택하고 미래의 꿈을 선택하고 결정하는 상황뿐만 아니라 매일같이 해야 하는 일상적인 선택과 결정의 상황에서도 시간을 허투루 보내지 않으려고 했다.

선택과 결정의 범위가 크든 작든 다양한 상황과 조건을 따져보고 조금이라도 덜 후회하고 내가 좋아하는 선택을 하고 싶었다. 하지만 주변 사람들은 나를 답답하고 느릿느릿한 사람으로 여겼다. 신중형의 단점만 모두 갖고 있는 사람처럼 말이다.

신중함과 소심함의 차이

신중한 사람이라고 했을 때 많이 받는 오해가 소심하다는 것이다. 다른 사람이 봤을 때 선택과 결정을 잘하지 못하는 모습이 용기와 자신감이 없어 보이는 것인데 신중함과 소심함은 확연하게 다르다. 선택과 결정을 잘하기 위해서는 '나는 신중한 사람인지, 소심한 사람인지?'의 차이를 명확하게 구분할 줄 알아야 한다. 신중함과 소심함 중 어디에 속하느냐에 따라 선택과 결정을 바라보는 시각 또한 달라진다.

신중하거나 또는 소심한 사람은 공통적으로 빠른 선택과 결정을 하지 못한다. 신중한 사람은 다양한 상황과 조건을 분석하여 최선의 대안을 찾느라 선택과 결정이 늦어질 수밖에 없다. 반면 소심한 사람은 막연한 걱정과 불안, 잘못된 선택에 대한 후회와 두려움 때문에 선뜻 선택과 결정을 하지 못하는 것이다.

선택과 결정의 범위에 있어서도 신중한 사람과 소심한 사람의 차이가 있다. 신중한 사람은 '엄마가 좋아, 아빠가 좋아?' 같은 사소한 문제를 고민하지 않는다. 신중한 사람에게 선택과 결정의 범위는 소심한 사람들보다 더 고차원적이다. 예를 들어 햄릿처럼 '사느냐, 죽느냐?'라든지 '장래 희망이 의사인지, 변호사인지' 등 선택과 결정을 했을 때 나의 인생이나 어떤 상황에 큰 영향을 미치는지를 고민한다. 하지만 소심한 사람은 사소한 것 하나하나, 예를 들어 점심 식사 후 아이스 아메리카노와 아이스 바닐라라테 중에 뭘 먹을지와 같은 사소한 문제에 대한 고민이 대부분이다.

물론 신중함과 소심함을 일상 속에서 구분하기는 쉽지 않다. 다른 사람들의 눈에는 그저 우유부단하거나 소심하고 내성적인 성격으로 보일 뿐이다. 그렇다고 선택과 결정을 잘하지 못하는 것에 대한 오해를 불식시키기 위해 '나는 소심한 것이 아니라 신중한 사람입니다'라고 이야기할 수는 없다.

다만 나의 성격과 상관없이 선택과 결정의 상황에서 내가 조금 더 좋아하고, 더 마음이 가며, 나에게 긍정적인 영향을 주는 선택과 결정을 하기 위해 신중해지려고 노력하는 사람이라는 마음가짐이 필요하다. '나는 선택과 결정을 잘 못 하는 소심한 사람'이라는 편견을 버려야 한다.

중국의 유명 IT 통신기업인 화웨이의 2018년 조사에 따르면 사람은 하루 평균 3만 5천 번의 판단을 한다고 한다. 그중 대부분은 무의식 속에서, 몸이 반응한 대로, 경험한 대로 판단하며 고작 1%만이 의식하고 내리는 판단이라는 것이다. 비록 1%에 불과한 판단을 하더라도 우리는 신중해야 한다.

선택불가증후군으로 고민만 하다가 아무것도 하지 않거나 다른 사람과 주변 상황에 못 이겨 원하지 않는 선택과 결정을 하고 후회하는 것보다 내가 주체가 되어 신중하게 선택과 결정을 하려는 자세가 필요하다. 그것이 바로 주도적으로 인생을 사는 법이자 선택불가증후군에서 벗어날 수 있는 방법이다.

나는 아직도 사교형이나 주도형처럼 1초의 망설임도 없이 선택과 결정을 하지는 못한다. 타고난 성격을 바꾸기는 쉽지 않다. 하지만 지금의 나는 신중함을 바탕으로 덜 후회하는 결정을 내릴 수 있다. 신중한 것은 결코 잘못된 것이 아니다. 신중함이 소심함으로 오해를 받았던 일들은 모두 잊어버리자. 신중하기 때문에 선택과 결정의 순간에 좋은 결과를 얻을 수 있다. 신중하기 때문에 선택과 결정 앞에서 소심하지 않고 당당할 수 있다.

지금부터 신중하게 선택과 결정을 해서 선택불가증후군에서 벗어날 수 있는 방법들을 소개하려고 한다. 선택과 결정을 잘하기 위해 필요한 마음가짐과 구체적인 실천 방안들을 사례를 바탕으로 설명할 것이다. 선택과 결정 앞에서 당당하고 신중한 사람이 되기 위한 여정을 나와 함께 시작해보자.

최고의 선택과 결정을 위한
다섯 단어

긍정! 나의 모든 결정을 긍정하라

선택과 결정을 하고 난 뒤 어떤 생각이 가장 먼저 떠오르는가?

'잘했다. 훌륭한 결정을 했다', 아니면 '아, 조금만 더 생각하고 결정할걸……. 왜 이것밖에 생각하지 못했지?' 극명한 차이를 보이는 2가지 중 나는 대부분 후자였다. 항상 선택의 갈림길에서 하나를 선택하면 나머지 하나가 왜 더 좋아 보이는 것일까?

'다른 쪽의 잔디가 항상 내 쪽보다 더 푸르러 보인다(The grass is greener on the other side)'는 영어 속담이 있다. 우리나라 속담 '남의 떡이 더 커 보인다'와 같은 뜻이다. 내가 선택하거나 결정하지 않은 선택지가 더 좋아 보이는 이유는 무엇일까? 바로 자기 확신의 부재이다.

확신은 나에 대한 믿음에서 시작된다. 그러한 믿음의 바탕을 이루는 것은 내가 좋아하는 것이 무엇인지, 내가 잘하는 것이 무엇인지, 나는 어떨 때 행복하다고 느끼는지 등을 아는 것이다. 선택과 결정을 어려워하는 사람들은 자기 확신을 가지지 못하는 상태이다. 그래서 내가 내린 결정과 행동, 내가 내뱉은 말에 대해 항상 후회하고 걱정하고 불안해한다. 심지어 타인의 선택과 비교하여 나의 결정을 부정하거나 잘못됐다고 생각하기도 한다.

자기 확신은 갑자기 어느 순간 짠 하고 생기지 않는다. 주변 사람들의 격려와 응원, 충고와 조언보다는 마음속에 있는 나와 만나서 대화해야 한다. 그러기 위해 가장 중요한 것이 '긍정'이다.

연예인 중에 긍정의 아이콘으로 어떤 사람이 떠오르는가? 나는 노홍철을 꼽는다. 〈무한도전〉이 토요일 예능 프로그램 1위를 차지하던 시절이었다. 오호츠크해 특집에서 매서운 추위에 무한도전 멤버들이 장난으로 옷에 차가운 눈과 얼음을 마구잡이로 넣는 장면이 나왔다. 그때 '웃어라. 행복해서 웃는 것이 아니라 웃어서 행복한 것이다'라는 메시지가 담긴 노홍철의 긍정복음이 함께 나왔다. 예능이라는 특수성도 있지만 강력한 추위 속에서 몸에 차가운 얼음과 눈을 넣는데도 웃을 수 있고 이 모든 상황을 긍정으로 극복하려는 노홍철의 긍정 에너지가 정말 대단해 보였다.

긍정의 아이콘은 주저하지 않는다

선택과 결정을 잘하는 긍정주의자들은 어떤 특징을 가지고 있을까?

첫째, 잊어버려야 할 때를 안다. 긍정적인 사람들은 선택과 결정을 한 후 예상과 달리 안 좋은 결과가 나왔을 때도 쉽게 잊어버리려고 한다. 실패를 곱씹다 보면 부정적인 사고 안에 자신을 가두게 되고 이것이 새로운 도전을 가로막는다. 긍정적인 사람들은 기억하지 않는 것이 좋은 상황들은 머릿속에서 지우려고 한다.

둘째, 스스로를 용서한다. 결정과 선택에는 항상 책임이 따른다. 주변 사람들에게 좋은 영향을 주면 좋겠지만 때로는 부정적인 영향을 줄 때도 있다. 이때 긍정적인 사람들은 자신의 잘못을 용서하고 같은 실수를 반복하지 않기 위해 노력한다. 반대로 부정적인 사람은 죄책감이나 후회로 대부분의 시간을 허비한다.

셋째, 스스로 동기부여를 한다. 비록 다른 사람과 비교될지라도, 주변 사람들이 나의 행동에 안 좋은 평가를 내리더라도 스스로 동기부여를 하여 장애물을 극복하고 내가 원하는 방향으로 이끌고 가기 위해 피나는 노력을 한다.

긍정적인 사람이 선택과 결정을 하는 상황에서 보이는 마인드와 행동들을 선택과 결정을 잘 못 하는 나와 비교해볼 필요가 있다. 나의 선택이 좋지 않은 결과를 나타냈을 때 잘 잊어버리려고 하는지, 스스로를 용서할 수 있는지, 내가 선택한 것에서 끊임없이 동기를 발굴하고 목표를 이루기 위해 노력하는지를 잘 따져봐야 한다.

나는 지금까지 선택과 결정을 어려워하며 두려움과 걱정, 불안감을 갖고 있었다. 내가 내린 결정에 대한 자기 확신이 부족했고 앞으로 해야 할 일들에 대해서는 부정적인 생각이 가득했다. 하지만 긍정적으로 생각을 바꾸고 작은 선택 하나라도 긍정적으로 생각하는 연습을 하면서 선택과 결정을 바라보는 시각뿐만 아니라 그 후의 행동들도 조금씩 변화하기 시작했다.

나는 선생님이 되고 싶었다. 학창 시절 좋아하고 존경했던 선생님의 모습을 본받아 좋은 선생님이 되어 학생들을 세상의 등불처럼 밝은 길로 안내해주고 싶었다. 하지만 현실의 벽은 높았다. 내가 선택한 전공은 학생들이 선호하지 않는 과목으로 선발 인원도 적었고 선발 지역도 많지 않았다. 몇 번의 도전을 해봤지만 결국 진로를 변경할 수밖에 없었다.

하지만 선생님이 되고 싶은 마음, 학교 선생님은 아니더라도 다른 사람에게 지식을 전달할 뿐만 아니라 그 사람의 인생에 도움을 주고 희망을 주는 사람이 되고 싶다는 생각은 변함없었다. 그런 생각과 마음을 가슴에 품고 '할 수 있다, 될 수 있다'는 생각을 갖고 매일을 살다 보니 어느 순간 기업에서 직원 교육 담당자가 되어 있었다.

시간을 되돌려 내가 교사 임용을 아예 생각하지 않고 처음부터 다른 진로를 찾아갔다면 지금 나는 어떤 삶을 살고 있을까? '선생님이 되겠다'는 나의 바람이 흔들리지 않고 어떤 상황 속에서도 이 꿈을 이루기 위해 나아가겠다는 긍정의 힘이 있었기 때문에 나는 원하는 모습으로 살아갈 수 있었다.

누군가의 선생님이 되겠다는 목표에 적합한 선택을 하는 데 긍정적인 사고와 마인드가 좋은 영향을 미쳤다. A, B를 선택하는 순간이 오면 걱정부터 앞섰던 나였다. 아무것도 일어나지 않았는데 벌써 이미 다 끝난 것처럼 혼자 망상하고 벌어지지도 않은 일로 걱정하고 또 걱정했다. A를 선택하기 전에 고민하고 걱정했던 나의 모습, B를 선택하지 않아서 후회하던 나의 모습이 한심스러워 보였다.

이 모든 것이 내가 앞으로 나아가고 성장하는 데 도움이 되지 않고 앞으로 나아가지 못하게 하는 원인이라는 것을 깨닫는 순간 긍정의 변화가 시작됐다. 어느 순간 선택지 A, B 중 A를 선택했는데도 원하는 C를 얻을 수 있었다. 이런 경험을 하다 보니 자연스럽게 선택과 결정을 할 때 한결 마음이 편하고 잘될 거라는 긍정적인 사고로 바뀌게 되었다.

부정적인 생각에 휩싸여 선택과 결정을 두려워하던 사람이 한순간에 긍정적으로 바뀌기는 쉽지 않다. 하지만 충분히 바뀔 수 있다. 그러기 위해서는 어떤 결과가 나오더라도 나의 선택과 결정을 믿고 긍정적으로 생각하는 것부터 시작해야 한다.

짜장면과 짬뽕을 고르는 문제, 치킨과 피자를 고르는 문제, 엄마가 좋냐 아빠가 좋냐를 고르는 문제 등 가장 일상적이고 평범한 상황부터 나의 선택과 결정에 대한 칭찬과 격려를 아낌없이 쏟아붓자. 작고 사소한 것들에서 긍정의 경험들이 쌓이다 보면 어느 순간 긍정의 아이콘이 되어 있을지도 모른다.

심플! 단순하게 생각하라

갑작스러운 업무가 떨어져서 급하게 팀 회의를 한 뒤 팀장님이
업무 지시를 했다.

"최 매니저, 심플하게 한 장으로 정리해 와."

'심플하게? 한 장으로?'

'방금 전까지 3시간 동안이나 회의를 했는데 어떻게 심플하게 한
장으로 정리하라는 거지……. 도대체 어떻게 하라는 얘기지?'

머릿속이 복잡해졌다. 어떤 내용을 넣고 빼야 할지, 어디서부터
어떻게 정리해야 할지 몰라서 문서 작업 창을 열어놓고 멍하니 바
라보고만 있었다.

1시간쯤 흘렀을까? 팀장님이 부르셨다.

"최 매니저, 얼마나 정리됐어?"

"아…… 네…… 팀장님 1시간 내로 정리될 것 같습니다."

1시간은 무슨, 1시간 동안 모니터만 바라보고 있었는데. 일단 어떻게든 1시간 내로 정리하겠다고 했으니 서둘러 작업하기 시작했다. 보고서의 목적부터 주요 내용, 세부 실행 계획, 기타 사항까지 적다 보니 이미 페이지는 2장을 넘어가고 있었다. 팀장님이 말씀하신 내용을 최대한 빠짐없이 넣으려면 어쩔 수 없었다. 결국 3장으로 회의 내용을 정리해서 보고했다.

팀장님은 역시나 보고서를 받자마자 말했다.

"뭐가 이렇게 많아."

그러고는 빨간 펜을 들어 불필요한 내용들을 하나둘씩 지워나가더니 신기하게 딱 한 장으로 모든 내용을 정리했다.

'이것이 바로 직장인의 노하우라는 것인가…….'

팀장님이 빨간 펜으로 수정한 문서를 보면서 자괴감에 빠졌다.

보고를 마친 후 내가 작성한 문서와 팀장님의 수정을 비교해가며 꼼꼼하게 다시 훑어보았다. 나의 문서에는 주절주절 불필요한 내용이 많았다. 구두로 충분히 설명할 수 있는 내용까지 글로 적다보니 내용이 점점 많아졌다. 역시나 생각이 많은 나의 머릿속이 그대로 문서에 드러났다.

어떻게 머릿속의 많은 생각들을 간단하게 정리할 수 있을까? 직장인의 노하우가 필요하기 이전에 나의 머릿속 정리가 더 시급했다. 글을 쓰거나 말을 할 때도 나의 생각을 정리해서 표현해야 하듯이 선택과 결정을 할 때도 정리가 필요하다.

고민거리가 많을수록 선택은 멀어진다

'단순하게 생각하라'는 결정을 할 때도 적용된다. 너무 많은 고민과 걱정을 하지 말고 정말 내가 바라는 것만 생각하면 된다. 이 선택을 했을 때 나타나는 결과가 정말 내가 원하는 것인지만 판단하는 것이다. 내가 내린 판단과 나의 선택을 믿고 앞으로 나아간다면 누구나 선택과 결정을 잘하고 원하는 삶을 살 수 있을 것이다.

하지만 선택과 결정 앞에서 단순하게 생각하고 행동하기는 생각보다 쉽지 않다. 나의 인생에 중대한 영향을 미치는 문제라면 더욱 단순해지기가 어렵다.

선택과 결정을 어려워하는 사람이 단순하게 생각해야 하는 이유가 몇 가지 있다.

첫째, 생각이 많아지면 불필요한 걱정을 하게 된다. 생각이 꼬리에 꼬리를 물수록 머릿속이 복잡해진다. 생각은 올바른 선택을 도와주는 근거나 보충 자료가 되는 것이 아니라 불필요한 고민과 걱정으로 이어지는 경우가 대부분이다. 그렇기 때문에 머릿속이 복잡해질수록 올바른 선택과 결정을 가로막는 장애물이 되어버린다.

둘째, 단순하지 않으면 정리하기도 어렵다. 나의 3장짜리 보고서만 봐도 불필요한 말이 너무 많다. 내 눈에는 모두 다 중요해 보이지만 보고받는 사람의 입장에서는 핵심이 빠진 종이에 불과하다. 생각이 많아지면 올바른 선택과 결정을 방해할 뿐만 아니라 결정된 사항조차 두서없이 중구난방으로 진행하는 경우가 많다

셋째, 중요한 순간 기회를 놓치게 된다. 생각이 많다는 것은 그만큼 고민할 사항들이 많다는 것이다. 그중 한 가지를 고르려면 고민의 시간도 길어진다. 하지만 선택과 결정에도 유효기간이 있고 지켜야 할 데드라인이 있다. 그 시간을 놓치면 중요한 기회도 사라져버린다.

복잡한 머릿속을 심플하게 정리하기 위해서는 충분한 연습이 필요하다. 나는 업무에서 정리가 필요할 때면 가장 먼저 펜과 종이를 꺼낸다. 그리고 떠오르는 생각들을 중요도에 상관없이 모두 적는다. 적다 보면 중복되는 생각들도 있고 지금 진행되는 업무, 고민과 전혀 상관없는 생각들도 있다. 적은 내용들은 카테고리로 묶어본다. 문서 작성 시 개요나 목적에 적합한 문구, 세부 계획이나 기타 사항에 들어가야 할 문구 등을 나누다 보면 복잡한 머릿속이 정리되고 1장의 보고서로 깔끔하게 정리할 수 있다.

주제(예시) : [A프로젝트 실행 계획]

1. 키워드 나열

성과, 달성, 실행 계획, 전달, 핵심 메시지, 목표치, 과제, 향상, 추진, 매출액,
영업이익, 준비 사항, 협의체, 주관 부서, 일정, 기한, 필요 예산…

2. 카테고리 분류

- 개요 : 성과, 달성, 과제, 향상, 추진
- 세부 계획 : 실행 계획, 매출액, 주관 부서, 과제, 목표치
- 기타 사항 : 준비 사항, 협의체, 일정, 필요 예산

3. 보고서 작성

- 개요 : A프로젝트는 2021년 과제의 성과 달성 여부를 판단하기 위함
- 세부 계획 : ①주요 과제 목록 ②주요 실행 계획 ③주관 부서
- 기타 사항 : ①프로젝트 준비 사항 ②협의체 구성

※카테고리 분류는 업무의 성격에 따라 다를 수 있음. 설명을 위한 예시 목적임.

이런 경험들이 쌓이다 보면 업무뿐만 아니라 일상생활에서도 선택과 결정의 순간이 왔을 때 쓸데없는 고민이나 걱정은 자연스럽게 버릴 수 있다. 정말 핵심적으로 고려해야 할 사항만 남아서 선택과 결정의 시간을 줄이고 좀 더 나은 결과를 가져올 수 있다.

《심플하게 산다》의 저자 도미니크 로로(Dominique Loreau)는 심플한 삶이 현대인에게 아주 필요하다면서 다음과 같은 이야기를 한다.

"매일 생각을 다듬자. 무엇을 생각하고, 무엇을 믿고, 머릿속에 어떤 풍경을 반복적으로 그리느냐가 건강과 행복을 결정한다."

선택과 결정 앞에서 심플해지려면 매일 나의 생각을 다듬고 무엇을 생각하고 믿고 있는지 나와의 대화를 통해 정리해야 한다. 그렇지 않으면 복잡한 삶 속에서 올바른 선택과 결정을 하지 못할 뿐만 아니라 중요한 순간에 기회를 놓쳐버릴 수도 있다.

지금 당장 결정해야 할 사항이 있다면 최대한 심플하게 생각해보자. 그 방법은 앞으로 더 구체적으로 설명하겠지만 지금 당장 할 수 있는 일은 펜과 종이를 꺼내 머릿속 생각들을 적고 그것을 카테고리로 묶어보는 것이다. 그러면 혼란스러웠던 머릿속이 정리되고 무엇이 올바른 선택과 결정인지 알 수 있다.

확신! 너 자신을 알라

"너 자신을 알라."

그리스의 위대한 철학자 소크라테스의 말이다. 소크라테스는 인간의 지혜는 신에 비해 매우 하잘것없기 때문에 가장 먼저 자기의 무지(無知)를 아는 것이 가장 중요하다고 했다. 선택과 결정을 어려워하는 것도 나 자신을 모르기 때문이다. 내가 무엇을 좋아하고 원하는지를 모르면 어떤 선택이 나에게 이로울지 해로울지를 판단할 수 없으니 선택과 결정도 쉽게 하지 못하는 것이다.

새로운 회사로 이직하기 위해 한창 이력서를 넣을 때 한 중견기업에서 1차 서류 합격 통보를 받고 면접을 본 적이 있다. 면접관이 나에게 물었다.

"연봉을 20% 정도 삭감해도 이 회사로 올 생각이 있나요?"

매우 날카로운 질문이었다. 지원 동기에 새로운 산업군과 새로운 회사에 도전해보고 싶다는 두루뭉술한 답변을 했는데 그 부분을 정확하게 파고들었다. 제대로 된 압박 질문을 받고 나는 무척 당황했다.

"어…… 그래도 새로운 것을 배운다면 그 정도는 감수할 수 있습니다."

솔직한 답변은 아니었다. 어느 누가 연봉까지 낮춰가며 새로운 회사로 이직하고 싶을까? 역시나 이 답변에도 면접관은 나를 더욱 압박해왔다.

"솔직하지 못하신 것 같네요. 방금 말씀하신 것은 신입사원이나 할 법한 답변이네요."

'이 면접은 여기까지구나……. 불합격이겠구나.'

순간 얼굴이 빨개지고 머릿속이 멈춰서 어떠한 답변으로 이 순간을 넘겨야 할지 아무런 생각이 나지 않았다.

면접을 본 후 후배와 이직할 때 어떤 것을 고려해야 하는지 이야기했다. 사람마다 다르겠지만 1순위는 연봉이고 2순위는 회사에서 나의 위치와 역할, 3순위는 회사의 향후 미래라는 말에 공감을 하면서 나는 어떤 기준으로 이직할 회사를 알아봐야 할지 고민하지 않을 수 없었다.

후배의 이야기를 듣고 내가 이직하고자 하는 회사를 어떤 기준을 갖고 정해야 될지 고민했지만 몇 가지 순위를 뽑아서 정리하기란 쉽지 않았다. 모든 조건을 맞추고 싶다 보니 어느 것 하나 포기하고 싶지 않았던 것이다. 연봉도 더 많이 받고 싶고, 직급은 지금보다 높으면 좋겠고, 미래의 발전 가능성이 있는 회사이길 바랐다. 하지만 3가지 조건을 모두 충족하는 회사를 찾기 어려울뿐더러 이런 회사가 나를 과연 받아줄지도 의문이었다.

결국 3가지 선택 사항 중 어느 하나를 충족하지 못했을 때 다른 2가지를 가지고 회사를 선택해야 한다. 하지만 내가 무엇을 더 중요하게 생각하는지, 어떤 것을 포기할 수 있는지를 정하지 못했다. 내가 어떤 회사를 원하는지 자기 확신이 부족하다는 것을 다시 한 번 깨우친 순간이었다.

선택의 기준은 자기 확신에서 나온다

선택과 결정에서 자기 확신을 이야기한 이유는 단 하나다. 선택과 결정은 내가 하는 것이기 때문이다. 다른 사람이 대신 해주는 것이 아니라 오롯이 나의 판단 기준을 가지고 내가 직접 정해야 한다. 선택과 결정을 타인이 해주기를 바라는 사람은 자기 확신이 부족한 사람이다. 그렇기 때문에 스스로 결정하는 것을 굉장히 걱정하고 두려워한다.

자기 확신은 인생이라는 긴 여정에서 만나는 비바람과 눈보라, 천둥번개에도 흔들리지 않고 나의 길을 갈 수 있는 힘이며 포기하고 싶을 때 나를 다시 일으켜 세우는 원동력이다. 자기 확신이 있다면 내가 원하는 선택과 결정을 해서 조금 더 빨리 내가 바라는 삶을 살 수 있다.

하지만 우리가 자기 확신을 갖지 못하는 이유는 첫 번째, 주변 사람들의 시선 때문이다. 나이가 들수록 '나'라는 사람에게 여러 가지 역할들이 더해지면서 '나'를 보는 타인의 시선을 의식하게 된다. '저 사람이 나를 이상한 사람으로 생각하면 어떡하지?' '내 역할을 제대로 못 한다고 말하면 어쩌지?' '나'라는 사람이 어떻게 평가받을지에 대한 걱정이 많아지고 내가 아닌 다른 사람의 시선에 맞춰 행동하고 판단하면서 자기 확신은 점점 없어진다.

두 번째, 나를 점점 잃어가기 때문이다. 하루하루 똑같은 일상 속에서 매일 매월 매년을 살다 보니 '나'라는 사람이 무엇을 잘하고 좋아하는지 점점 잊어버리게 된다. 선택과 결정을 할 때도 내가 정말 원하는 것이 아닌 현실과 타협하면서 '나'라는 존재는 점점 잊혀져 간다.

세 번째, 실패를 극복해본 경험이 부족하기 때문이다. 수많은 선택과 결정 중에서 잘못된 선택을 했거나 최선이라고 여겼지만 좋지 않은 결과가 나타났을 때 스스로 극복해본 적이 없는 것이다.

우리는 실패를 통해 성장한다. 일단 실패하면 두렵고 포기하고 싶고 아무것도 하고 싶지 않게 마련이다. 하지만 실패를 딛고 일어서는 힘을 주는 것은 바로 자기 확신이다. 실패 뒤에 언젠가는 좋은 결과가 있을 것이라는 희망을 갖고 있기 때문이다. 이것도 실패를 직접 극복해본 사람만 알 수 있다. 실패를 극복해본 경험이 없거나 부족한 사람은 쉽게 깨달을 수 없다.

자기 확신을 갖기 위한 노력은 매 순간 필요하다. 매 순간 선택의 기로에 있기 때문에 스스로 자기 확신을 가지려고 노력하지 않으면 계속 타인의 시선에 맞춰서 살아갈 수밖에 없다. 그런 인생을 원하는가? 타인의 삶을 살고 싶은 사람은 아무도 없다. 선택과 결정을 할 때 자기 확신은 필수이고 반드시 체득해야 할 마음가짐이다.

인생의 답은 나의 마음속에 있다. 그 마음은 내 안의 자기 확신에서 비롯된다. 내가 누군지? 내가 어떤 사람인지? 내가 어떤 성격을 갖고 있는지? 내가 어떨 때 행복하고 즐거움을 느끼는지? 나에게 질문을 던지고 스스로 답을 찾아가면서 자기 확신을 만들 수 있다.

드디어 나는 이직할 회사를 고르는 나만의 기준을 만들었다. 1순위는 회사에서 나의 역할과 위치, 2순위는 회사의 미래, 3순위는 연봉과 복리후생이다. 내가 원하는 것을 마음껏 펼쳐볼 수 있는 곳이면 좋겠다는 생각과 의지가 반영된 것으로 자기 확신의 결과물이다. 아무리 연봉이 높다 하더라도 내가 원하는 일을 마음껏 펼쳐

볼 수 없는 회사는 포기하고 내가 1순위로 생각하는 기준을 충족할 수 있는 회사로 다시 물색할 것이다.

다른 사람의 이야기나 조언, 충고, 걱정과 의심 속에서도 흔들리지 않고 물러서지 않고 계속 앞으로 나아가면서 나만의 기준과 선택을 할 수 있는 힘은 바로 자기 확신에서 나온다는 것을 꼭 기억하자.

완벽! 완벽주의의 노예에서 벗어나라

고등학교 시절 '완벽 킴'이라는 친구가 있었다. 그는 중산층 이상의 가정에서 부족한 것 없이 자랐다. 시험 기간이 되면 "공부 별로 안 했어"라고 얘기하면서 항상 나보다 좋은 성적을 받았던 친구. 시험이 끝나고 답을 맞춰보면서 "많이 틀렸어"라고 투덜거리지만 정작 많아야 2~3개 틀렸던 친구. 학창 시절에 어느 학교에나 한 명쯤 있을 법한 그런 친구였다. 그는 항상 자신이 완벽하길 원했다. 자신이 계획했던 대로, 생각했던 대로 되지 않으면 쉽게 짜증을 내고 많이 불안해했다.

성인이 된 후 친구의 연락처를 우연히 알게 되어 오랜만에 만난 적이 있다. 그는 국내의 이름 있는 대기업에 다니고 나보다 연봉과 직급도 높았다. 예상대로 잘 풀린 것처럼 보였다. 번듯한 직장, 안정적인 수입, 회사 내에서의 위치 등 다른 사람들이 보면 부러워할 만한 조건을 갖추고 있었다.

그런데 어느 날 그는 갑자기 나에게 전화해서 요즘 자신에게 큰 고민이 있어서 상담을 좀 하고 싶다며 술 한잔하자고 했다. '완벽 킴이 나에게 상담을? 이런 친구에게도 고민이 있을까?'라는 생각을 하며 이야기를 들어보았다.

친구의 고민은 내가 생각했던 것 이상으로 심각했다. 업무, 관계, 생활 등 자신의 삶에서 항상 완벽을 추구하던 친구는 주변 사람들에게 늘 일 잘하고 관계도 원만하다는 평가를 받았다고 한다. 그런데 시간이 갈수록 자기가 살아왔던 삶에 회의감이 든다는 것이었다.

"좋은 평가를 받으려고, 더 완벽하게 보이려고 나 자신에게 정말 많은 스트레스를 줬어."

친구는 어떻게든 기한보다 일찍 일을 끝내려고 매일같이 야근을 했고 생활 리듬이 깨지면서 심한 불면증까지 생겼다. 사람들과 원만한 관계를 유지해야 본인 마음이 편했기 때문에 문제가 있으면 다 들어주고 그것을 해결하지 못하면 답답해서 미쳐버릴 것 같다고 했다.

그러다 보니 정작 자신은 누구에게도 위로와 도움을 받지 못한 채 계속 지쳐갔다. 지금은 모든 것을 포기하고 다 내려놓고 싶다는 친구의 말에 나는 어떤 위로의 말을 해줘야 할지 몰랐다.

완벽한 선택이란 없다

완벽하다는 말은 누구나 한 번쯤 듣고 싶은 말이다. 일이든 인간관계이든 실수 하나 없이 깔끔하게 처리한다는 뜻이니 자신의 가치와 등급을 높이 평가하는 듯하다. 나 역시 완벽해지고 싶었다. 그래서 일이 잘 풀리지 않거나 계획했던 일을 마무리 짓지 못하면 스스로를 질책했다. '그러니까 네가 이 모양이지! 너는 왜 그것밖에 안 되니?' 모진 비난을 하고 나면 내가 완벽해질 줄 알았다. 하지만 나는 더 위축됐고 더 자신감을 잃었다. 그러던 어느 날 나는 생각했다. 대체 언제까지 이렇게 살아야 할까?

중학교에 다니는 두 학생이 있다. 한 명은 완벽주의자이고 한 명은 아니다. 둘 중 누구의 학업 성적이 더 좋을까? 아마 완벽주의 학생이 일 처리도 깔끔하고 노트 필기, 시간 관리도 잘해서 성적이 더 좋으리라 생각할 것이다.

하지만 대부분의 전문가들은 완벽주의가 아닌 학생의 학업 성적이 더 우수할 것이라고 말한다. 특히 심리학자 폴 휴이트(Paul Hewitt)는 완벽주의에 대한 정의를 내리면서 '사회부과적 완벽주의'라는 개념을 사용했다. 다른 사람들이 자신에게 비현실적으로 높은 기준을 들이대고 자신은 그 기대를 충족하기 위해 완벽해야만 한다고 생각하는 사람을 말한다. 사회부과적 완벽주의 성향을 보이는 학생의 성적이 완벽주의가 아닌 학생보다 낮다는 것이었다.

완벽주의 학생은 완벽을 추구하느라 사소한 것까지 빠뜨리지 않고 모조리 챙기다 보니 정작 중요한 일에 집중하지 못한다. 그보다 더 심각한 문제는 완벽하지 못했을 때 부모나 선생님이 자신을 싫어할지도 모른다는 불안감으로 인해 스트레스를 받고 심리적 과민반응을 보인다는 것이다. 완벽이라는 단어가 겉으로는 좋아 보이지만 그 속에 숨겨진 실체는 그렇지 않다. 실제로 그들은 다음과 같은 특성을 가진다고 한다.

첫째, 작은 실수도 계속 마음속으로 되새기는 경향이 있다. 이미 벌어진 실수는 훌훌 털어버리고 다시 시작하면 되는데 실수를 바로잡지 못한 것, 실수가 일어나기 전에 꼼꼼하게 확인하지 못한 것에 대한 자책을 많이 한다.

둘째, 실패가 두려워 새로운 시도와 도전을 하지 않는다. 완벽주의자는 자신이 완벽하게 통제하지 못하는 상황에서는 도전하거나 새로운 시작을 하지 않는다. 완벽한 준비를 한다는 이유로 시간만 보내다가 중요한 기회를 놓치는 경우도 있다.

셋째, 선택불가증후군을 갖고 있다. 완벽주의자들은 매번 최상의 선택을 하려고 한다. 한 치의 오차도 없이 자신의 시나리오와 기준에 맞추려고 한다. 단점이 하나라도 발견되는 것을 용납하지 못하고 다른 완벽한 선택지를 찾기 위해 또 시간을 보낸다. 그래서 간혹 주변 사람들에게 우유부단한 사람이라는 평가를 받기도 한다. 결국 완벽주의자들은 주변 사람들의 평가로 인해 지금보다 더 완벽해지기 위해 더 자책하고 자신을 더 힘들게 한다.

우리는 신이 아니다. 일하는 과정에서 실수하게 마련이고 잘못 판단할 수도 있다. 하지만 우리는 이러한 이치를 받아들이지 못한다. 인간의 능력으로는 모든 상황을 통제할 수 없다. 그런데도 그런 능력을 원하고 있다.

왜 그래야 할까? 그럴 필요가 전혀 없다. 마음을 여유롭게, 생각을 편안하게 갖자. 실수해도 괜찮고 놓치는 부분이 있어도 괜찮다. 어떠한 목표를 추진하는 과정에 의의를 두고 만족감을 느끼면 된다. '완벽한 것은 없다'는 마음이 있어야 선택과 결정에서도 자유로워질 수 있다.

얼마 전 '완벽 킴'에게 전화 한 통을 받았다. 예전보다 목소리가 더 밝아진 친구는 모든 것을 정리하고 고향으로 돌아가 작은 카페를 하나 냈다고 한다. "너무 완벽하게 살려고 하지 마! 내 마음이 너무 지치더라"고 말하는 친구의 목소리에서 여유와 편안함을 느낄 수 있었다. 그때 나도 친구의 말에 용기를 얻어 완벽의 노예에서 벗어나기로 마음먹었다.

한때는 나도 완벽한 선택을 하고 싶었다. 다른 사람이 부러워하는 완벽주의자가 되고 싶었고 그러기 위해 많은 시간과 노력을 투자했다. 내가 완벽해지고 싶었던 이유는 하나였다. 다른 사람에게 인정받고 싶어서였다. 나도 일 잘한다고 칭찬받고 모두에게 좋은 사람이 되고 싶었다.

하지만 나에게 돌아온 것은 완벽하지 못한 나 자신에 대한 질책뿐이었다. '나는 왜 이럴까?'라는 반문은 나를 더 벼랑 끝으로 몰아갔다. 그런데 이제는 완벽해지기보다는 나 자신에게 관대해지려고 한다. 실수해도 괜찮고 혼나도 괜찮고 비난받아도 괜찮다. 선택과 결정을 잘 못 해도 괜찮다. 나의 인생이라는 과정 속에서 충실했다면 모두 다 괜찮다는 마음을 갖기로 했다. 우리는 절대 신처럼 완벽해질 수 없다는 것을 받아들이자. 그래야만 내가 원하는 선택과 결정 앞에서 당당하게 프로결정러의 삶을 살아갈 수 있다.

경험! 최고의 선택은 경험에서 나온다

《이방인》,《페스트》로 유명한 프랑스의 소설가 알베르 카뮈는 "실험을 통해 경험을 얻을 수 없다. 만들 수도 없다. 반드시 겪어야 얻는다"라는 말을 했다. 다양한 경험을 해봐야 진정으로 깨닫고 배울 수 있다. 선택과 결정에서도 경험은 중요하다. 경험이 많을수록 어떤 것이 좋은 결정인지, 나쁜 결정인지를 구분할 수 있고 더 나은 선택지를 고를 수 있는 힘이 생긴다.

우리는 다양한 경험을 해볼 수 있는 환경에서 살고 있다. 직접 학원을 찾아가거나 그 분야의 전문가에게 배워야 했던 것들도 지금은 유튜브를 통해 간접적으로 배울 수 있다. 해당 분야에서 나의 기준에 맞는 전문가를 찾아 연결해주는 앱도 있다. 몰라서 못 배운다는 말은 있을 수 없는 시대를 살고 있다. 마음만 먹으면 언제 어디서든 시간과 장소에 구애받지 않고 원하는 경험을 할 수 있는 것은 가히 축복이다.

물론 그런 정보의 홍수 속에서 살아가다 보면 어려워지는 것이 있다. 바로 너무나 많은 선택지가 존재한다는 것이다. 정확하지 않은 정보도 있겠지만 과거에는 한두 가지 선택지만 있었다면 지금은 수십 가지가 넘는 선택지가 내 앞에 놓여 있다. 나에게 적합하고 나에게 정말 필요한 것이 무엇인지를 선택하기가 그만큼 어려워진 것이다. 그래서 개인 맞춤형 솔루션을 제공하는 큐레이션이 등장하게 되었다.

가장 좋은 선택을 할 수 있도록 개인의 취향과 이전의 경험, 이용 사례들을 분석하여 원하는 답안지를 골라주는 시스템, 그것이 바로 큐레이션이다. 온오프라인을 포함한 다양한 분야에서 선택의 어려움을 해소하기 위한 큐레이션 서비스를 제공하고 있다. 올바른 큐레이션을 제공받기 위해 가장 필요한 것도 역시 경험이다. 나뿐만 아니라 나와 비슷한 취향과 연령대를 가진 사람들의 경험이 있어야 내가 원하는 정보를 큐레이션 받을 수 있다.

한 번이 어렵지 두 번은 쉽다는 말이 있다. 나와 같은 선택불가증후군이 있는 사람은 새로운 것을 처음 시작할 때 많은 고민과 걱정을 한다. '이것이 맞을까? 다른 방법은 없을까? 정말 해도 괜찮을까? 어색한데 어떻게 하지?' 시작하기도 전에 겁먹고 두려워한다.

나도 처음에는 정말 하고 싶지 않았지만 이제는 마음 편하게 하는 것이 하나 있다. 바로 혼자 밥 먹는 것이다. 나는 혼자 밥 먹는 것을 싫어했다. 외로워 보였고 인간관계에 문제가 있는 사람으로 비쳐졌기 때문이다. 주위 사람들도 나를 외톨이로 보는 것 같았다. 그래서 혼자서는 밥을 먹지 않고 굶거나 같이 먹을 사람이 생길 때까지 기다렸다.

어느 날 한 친구와 시내에서 점심 약속이 있었다. 10년 만에 보는 친구와 어렵게 시간을 내서 약속을 정하고 한 식당에서 보기로 했다. 먼저 도착했지만 식당에 혼자 들어가기 싫었던 나는 친구가 오면 같이 들어가려고 근처에서 기다렸다. 그런데 친구에게 전화가 왔다.

"나 10분 정도 늦을 것 같은데, 식당에 먼저 들어가 있어."

나는 극도의 거부 반응을 보였다.

"싫어! 혼자 들어가기 싫단 말이야. 10분 뒤에 도착한다면 밖에서 기다릴게."

통화를 마치고 10분이 흘렀을 때 친구에게 다시 전화가 왔다.

"정말 미안한데 먼저 들어가서 메뉴 좀 시켜놓고 있어. 나는 제육볶음으로 시켜줘. 내가 늦었으니까 내가 살게."

친구가 갑자기 일이 생겨 처리하느라 늦었으니 미리 메뉴를 주문해달라고 부탁했다. 나는 정말 싫었지만 어쩔 수 없었다. 어렵게 용기를 내서 식당으로 들어갔다. 식당에 있던 사람들이 '저 남자 혼자 왔나 봐'라고 얘기하는 것 같았다. 나는 주위를 둘러보지도 않고 직원이 안내하는 자리에 앉아 친구가 부탁한 대로 메뉴를 주문했다.

친구는 약속 시간보다 30분 늦게 도착했다. 친구가 도착하자마자 미리 주문한 메뉴가 나와서 빨리 먹고 다음 약속을 기약하고 헤어졌다. 식당에서 친구를 기다리는 20분 동안 등에서 땀이 줄줄 흘렀고, 사람들이 나만 쳐다보는 것 같았다.

지금 생각하면 그때의 내 모습이 참 우습기만 하다. 친구를 기다리는 내내 고개도 들지 않고 핸드폰만 보면서 '언제 올까, 도착할 때가 되지 않았나?' 수십 번도 넘게 생각했던 것 같다. 하지만 그때 이후로 식당에서 혼자 밥을 먹는 것이 훨씬 편해졌다. 식당에 먼저 가서 기다리라고 하면 아무 거리낌 없이 바로 '그래, 뭐 시켜놓을까?'라고 얘기할 정도가 되었다. 이래서 경험이 중요하다고 하는 것이다. 경험해보기 전에는 수많은 걱정과 불안으로 시도조차 할 수 없지만 한번 해보고 나면 결정하는 속도와 실행하는 속도가 확실히 빨라진다.

나쁜 경험도 좋은 결정에 도움이 된다

다른 사람에게 해를 끼치거나 내 몸과 마음이 상하지 않는다면 다양한 경험을 해볼 필요가 있다. 경험이 지식이고 재산이기 때문에 경험이 많을수록 보이는 것도 많아지고 더 많은 사람들을 만나 좋은 네트워킹을 할 수 있다. 어떤 것이 나에게 좋은 선택인지를 결정하는 것도 나의 경험에서 비롯된다.

최근 한 인터넷 신문에서 '연애를 한 번도 안 해본 상대와 만날 수 있느냐?'는 설문조사 결과를 봤다. 남성과 여성의 반응이 정반대였다. 남성 응답자 중 54%는 연애를 단 한 번도 안 해본 여성과 교제할 수 있다고 한 반면 여성 응답자 중 63%는 한 번 이상은 연애를 해본 남자와 교제하고 싶다고 했다. 당신은 어떻게 생각하는가? 사람마다 차이는 분명 있고 설문의 대상에 따라 다른 결과가 나올 것이다.

나는 연애 경험이 있는 사람을 만나는 것이 좋다는 주장에 한 표를 던지고 싶다. 사람을 만나는 것도 경험이기 때문이다. 다양한 사람을 만나보면서 내가 좋아하는 이상형은 어떤 사람인지, 나는 싸우거나 대화를 할 때 어떤 스타일인지, 어떤 사람과 함께할 때 행복감을 느끼는지 알 수 있다. 좋아하는 스타일, 싫어하는 스타일도 구분할 수 있고, 서툴지 않게 상대방의 감정과 원하는 것을 확인할 수 있다.

사람을 만나는 것도 이처럼 경험이 중요하듯이 인생에서 만나는 많은 선택과 결정의 순간에 올바른 선택지를 고르는 데 풍부한 경험이 바탕이 된다. 좋은 경험이든 나쁜 경험이든 그 과정에서 깨닫고 배우는 것들이 나만의 기준이 되고 가치관으로 형성되기 때문에 경험은 선택과 결정에 중요한 역할을 한다.

미국의 작가 리타 메이 브라운(Rita Mae Brown)은 "좋은 결정은 경험에서 나온다. 그런 경험들은 나쁜 결정에서 얻을 수 있다"고 했다. 눈앞에 있는 고민과 걱정을 해결하기 위해 어떤 결정을 내려야 할지 모를 때가 바로 새로운 경험을 할 때다. 비록 실패한 경험일지라도 같은 실수를 두 번 다시 하지 않도록 깨달음을 준다. 더 많은 실패의 경험, 더 많은 성공의 경험을 쌓기 위해 경험하는 것을 두려워하지 말자.

'경험은 분명 나에게 최고의 선택지를 안겨줄 것이다.'

스마트한 선택과 결정에
필요한 큐레이션

복잡한 생각을 정리하는 최선의 방법
— 머릿속 원숭이 죽이기

2020년 코로나19로 인해 전 세계가 멈춤과 거리두기를 강조할 때 당시 내가 다니던 회사도 큰 타격을 받았다. 매출이 전년 대비 크게 감소하여 인원 감축과 함께 단축 근무를 도입했다. 출퇴근 시간도 9시에서 8시로 조정하고 근무 시간도 30분~1시간씩 줄여서 코로나19 상황에 대비한 비상경영 체제에 돌입했다.

출퇴근 시간이 왕복 3시간 정도 걸리는 나는 8시까지 출근하려면 최소 6시 전에 일어나야 했다. 1시간 더 일찍 일어나는 데 적응하기가 쉽지 않았다. 하지만 평소 아침 일찍 일어나서 책을 읽거나 명상을 해보고 싶었던 터에 큰마음을 먹고 1시간 더 일찍, 5시에 일어나는 목표를 세웠다. 알람을 여러 개 맞추고 잤지만 이전 알람은 다 끝나고 마지막 6시 알람을 듣고 허겁지겁 일어나는 일이 다반사였다. 그래도 목표를 정했으니 한번 해보자는 오기로 한 번 두 번 더 도전한 끝에 매일은 아니더라도 일주일에 세 번은 5시에 일어날 수 있었다.

아침 일찍 일어나면 가장 먼저 양치를 하고 따뜻한 물을 마신다. 그리고 책상에 앉아 핸드폰으로 잔잔한 클래식 음악을 틀어놓고 가만히 생각한다. 그냥 머릿속에 어떠한 생각이 떠오르든 내버려둔다. 어제 회사에서 동료들과 있었던 일, 팀장님한테 혼난 일, 앞으로 어떻게 살아야 할지, 오늘 아침은 왜 더 우울한지 등 머릿속에 떠오르는 생각들을 가만히 들여다보는 시간을 20분 정도 갖는다. 그러면 '이것은 정말 쓸데없는 생각이었구나', '이때는 이렇게 말했어야 했는데', '내가 어제 짜증을 낸 이유가 이거였구나' 등 나 자신을 돌아보게 되고 어젯밤 자기 전 안 좋았던 기분까지 풀리는 것 같다.

명상을 전문적으로 배운 적은 없다. 회사에서 신입사원들을 대상으로 교육할 때 참관한 적은 있지만 특정 시간에 차분한 음악을 들으면서 오로지 나에게 집중하는 시간을 가진 적이 없다. 그랬던 내가 갑자기 명상에 관심을 갖고 '한번 해볼까?'라고 생각을 하게 된 이유는 크게 2가지였다.

첫 번째, 팀 페리스(Tim Ferriss)가 쓴 《타이탄의 도구들》이라는 책에서 전 세계의 위대한 사람들은 아침에 일어나서 업무를 시작하기 전에 꼭 자신을 돌아보는 시간, 자신의 내면을 관찰하는 시간을 갖는다고 한다. 나도 그들처럼 위대한 사람이 되고 싶어서 명상을 해야겠다고 생각했다.

두 번째, 나는 생각이 너무 많았다. 업무에 대한 고민이나 창의적인 생각보다는 그저 쓸데없는 생각이었다. 10년 전 군 생활을 하면서 왜 이런 선택을 했을까? 대학 시절 그 친구에게 내가 왜 그런 말을 했을까? 어제 팀 동료는 나한테 왜 그렇게 말을 하고 짜증을 냈을까? 오늘은 어떤 일이 일어날까? 어제 컴퓨터를 안 끄고 퇴근했는데 팀장님이 출근하면 뭐라고 하시지 않을까? 나는 왜 이렇게 자신감이 없을까? 오늘 아침에 출근하다 사고가 나지는 않을까? 어제 점심에 돈가스 말고 초밥을 먹을걸······.

이런 불필요한 생각으로 집중을 제대로 못 하니 업무도 늘 더뎠다. 과거에 연연하면서 자책하고 일어나지도 않은 일을 고민하고 걱정하느라 자신감이 떨어지고 쉽게 두려워했다. 나는 심각할 정도로 생각이 많은 사람이었다.

복잡이들의 머릿속에는 원숭이가 산다

대학에서 강의를 하는 아내가 자료 조사를 하던 중 지금의 나와 앞으로의 나에게 꼭 필요한 것 같다며 책을 한 권 추천했다. 대니

그레고리(Danny Gregory)가 쓴 《내 머릿속 원숭이 죽이기》였다.

제목만으로는 어떤 내용인지 감이 오지 않았다. 머릿속의 원숭이가 무엇을 의미하는지 말이다. 이 책의 저자도 나처럼 생각이 너무 많았다. 서두부터 '나를 위해 이 책을 썼다'고 밝힐 정도로 어릴 때부터 머릿속 원숭이가 자신이 하는 모든 일에 끊임없이 시비를 걸어서 걱정을 했다고 한다. 머릿속 원숭이가 계속해서 개입하여 자신의 결정에 대해 지적하고 다른 사람들이 나를 어떻게 생각하는지 얘기하면서 늘 자신의 한계를 정해버렸다고 한다.

어느 날 자신의 머릿속에서 들리던 목소리가 진짜 내가 아님을 알게 됐고 나를 도와주지도 않는다는 것을 깨닫게 되었다. 그래서 머릿속 목소리, 바로 원숭이를 어떻게 하면 제거할 수 있을지 또는 조금 덜 마주치고 덜 방해받을 수 있을지에 대한 방안을 찾기 위해 책을 썼다고 한다. 나처럼 머릿속에 생각이 너무 많아서 선택과 결정을 잘 못 하는 사람들을 위해 쓴 책이었다.

'그래, 맞아! 이것 때문이었어!'

내가 책을 끝까지 읽는 동안 계속 반복했던 말이었다. 나의 머릿속 원숭이는 처음부터 우리와 함께했던 것이 아니다. 주변의 시선과 관심, 타인의 기대감과 기준 등 외부 환경에 의해서 어린 시절부터 학습하고 느껴왔던 것이 지금까지 내면화되어 온 것이었다. 그래서 기존에 했던 방식과 생각의 틀에서 벗어나면 위험으로 인식하고 그 상황을 부정하고 거부하면서 회피하게 된다.

실제로는 일어나지 않을 가능성이 높은데도 불안하고 두려운 마음에 새로운 일이나 변화에 도전하거나 실행하지 못한다. 선택과 결정을 쉽게 하지 못하고 머뭇거렸던 것은 바로 내면의 원숭이가 나를 그렇게 조종하기 때문이라는 것이다.

사람의 머릿속에는 원숭이 한 마리가 있다. 하지만 그 원숭이는 상황에 따라 다양한 가면을 쓰고 나의 삶에 간섭하고 쓸데없는 생각들을 점점 많이 만들어낸다. 그래서 머릿속 원숭이를 잘 통제해야 한다.

우선 원숭이의 실체를 가만히 들여다봐야 한다. 어떤 이미지인지, 어떤 이야기를 하고 싶은지를 가만히 지켜보고 원숭이가 말하는 대로 실천했을 때 어떤 결과로 이어졌는지를 잘 따져본다. 그런 다음 내가 해야 하는 일, 하고 싶은 일을 일단 한다. 생각이 많아질수록 머릿속 원숭이들은 다양한 이유와 변명을 늘어놓으며 나의 행동을 방해한다. 하지만 행동을 시작하고 거기에 집중하다 보면 원숭이는 잠시 수그러든다.

절대 미리 결론을 내지 말고 주변 사람들의 이런저런 말에 휩쓸리지 않아야 한다. 다른 사람들의 조언을 듣거나 자료를 찾아보는 것은 더 좋은 결과를 이끌어내기 위해 필요한 일이다. 하지만 타인의 의견이 나의 선택과 결정에 큰 영향을 미쳐서는 안 된다. 타인의 생각은 나의 머릿속 원숭이에게는 먹이와 같아서 걱정이 더 늘어나고 두려움은 더욱 커져 빠른 선택과 결정, 신속한 행동을 방해한다. 그리고 아직 결론이 나지도 않았는데 미리 결론을 내버리고 불필요한 상상으로 나의 시간을 허비하며 나를 더 지치게 만든다.

우리가 선택과 결정을 잘하지 못했던 이유는 바로 머릿속 원숭이 때문이다. 나의 머릿속 원숭이가 가만히 있지 않고 계속 뛰어놀면서 나를 힘들게 한다. 걱정과 불안, 두려움, 시기와 질투, 분노 등 안 좋은 감정과 생각들이 나의 행동을 가로막는다. 그리고 결정해야 할 상황에서 이러지도 저러지도 못하고 회피하게 만든다.

이런 원숭이를 과연 없앨 수 있을까? 머릿속 원숭이는 나의 자아이기에 없앨 수는 없다. 하지만 통제는 가능하다. 나는 머릿속 원숭이를 통제하기 위해 아침 일찍 일어나서 명상하는 방법을 선택했고 성과를 거뒀다.

처음에는 여러 번 시도했지만 매번 실패했다. 부정적인 생각이 계속 꼬리에 꼬리를 물고 점점 뻗어나갔다. 하지만 실패를 해도 계속 노력했다. 잔잔한 클래식을 들으면서 명상을 하고 빈 종이에 떠오르는 생각들을 적어보기도 했다. 명상하는 시간은 나와 머릿속 원숭이가 직면하는 순간이다.

나의 머릿속 원숭이를 직면해야 한다. 정말 내가 원하는 것, 내가 잘하는 것, 내가 하고 싶은 것이 무엇인지 알고, 그것이 곧 나의 선택과 결정의 명확한 기준이 될 것이라고 믿었다.

명상이 머릿속 원숭이와 직면하는 최선의 방법은 아니다. 하지만 빌 게이츠, 오프라 윈프리 등 우리가 알고 있는 많은 유명인들은 명상을 통해 자신과 직면하는 시간을 가졌다. 원숭이를 만나는 방법은 각자에게 맞는 것을 선택하면 된다. 하지만 한 번에 원숭이를 만날 수 있다는 생각은 버려야 한다. 여러 번 시도하고 노력해야 한다는 것을 꼭 기억하자.

지금 나는 더 발전해서 아침 시간뿐만 아니라 선택과 결정의 순간, 불필요한 생각이 많아질 때마다 짧게라도 내 안의 원숭이와 대화한다. 나의 머릿속에 있는 생각들을 정리하고 온전히 나에게 집중하면서 나의 기준에 맞춰서 선택과 결정을 하려고 한다.

나처럼 심각하게 결정을 어려워하는 사람도 해냈으니 분명 당신도 할 수 있을 것이다. 당신만의 방법으로 머릿속 원숭이를 만나 진솔한 대화를 시작해라.

갈팡질팡하는 마음속 숨은 감정
— 결정 저울 파악하기

중학교 3학년 때 나의 장래 희망은 변호사였다. 변호사가 무슨 일을 하는지 정확하게 알지 못했지만 착한 사람을 돕고 불의에 맞서는 이미지가 좋았다. 그리고 당시에 법정 스릴러의 대가라고 불리는 존 그리샴(John Grisham)의 《레인메이커》를 읽고 더더욱 변호사를 꿈꿨다. 멋진 양복을 차려입고 한 손에는 서류가방을 들고 당당하게 법정에 들어가서 사건을 해결하는 변호사의 모습이 너무 멋있어 보였다.

그중에서도 나는 국선변호사가 되고 싶었다. 변호사를 선임할 경제적 여력이 없는 사람들의 편에 서서 그들의 억울함을 풀어주며 힘들고 어렵지만 정의로운 길을 가고 싶었다. 아쉽게도 그 꿈을 이루지 못했고 실제로 법원에 가본 경험도 없다. 하지만 가끔 영화나 드라마에 변호사가 등장하거나 재판 장면이 나오면 마치 그 꿈을 이룬 것처럼 몰입하곤 한다.

영상 속의 주인공들이 법정에 들어가기 전에 항상 마주치는 것이 하나 있다. 바로 '정의의 여신상'이다. 정의의 여신상은 특이하게도 두 눈을 안대로 가리고 있다. 그리고 한 손에는 저울을, 다른 한 손에는 칼을 들고 있다. 저울은 개인 간의 권리 관계에서 발생한 다툼을 해결한다는 것을 의미하고, 칼은 사회 규율과 질서를 파괴하는 자에 대하여 적절한 제재를 가한다는 것을 의미한다. 눈을 안대로 가린 것은 정의를 실현하기 위해서 어느 쪽에도 편중되지 않는 공평하고 정확한 태도를 지킨다는 것을 의미한다.

정의의 여신상이 저울을 들고 있는 것은 모든 상황을 공평하게 놓고 본다는 뜻이다. 변호사와 검사가 제시하는 증거와 자료들을 들고 올바른 판단이라고 생각되는 쪽으로, 다시 말해 저울이 더 기울어진 쪽으로 결정한다는 것이다.

선택과 결정을 할 때도 이렇게 해야 한다. 내 마음속 저울이 좀 더 기울어진 쪽으로 결정하는 것이다. 그래야 덜 후회하는 선택과 결정을 할 수 있다. 내가 결정을 두려워했던 가장 큰 이유는 바로 마음속 결정 저울이 어느 쪽으로 더 기울어졌는지를 잘 몰랐기 때문이다.

지금 생각해보면 결정을 회피하고 두려워하던 내가 과연 변호사로서 주어진 역할을 잘해낼 수 있었을까 싶다. 짜장면과 짬뽕 중에 하나도 못 골라서 늘 망설이는데 한 사람의 인생을 좌지우지하는 상황에서 올바른 판단을 내릴 수 있었을까? 선택과 결정 앞에 골머리를 썩이고 있는 나를 가끔 볼 때면 '변호사가 안 된 것이 참 다행이다'라는 생각이 들 때가 많다.

50:50에서 51을 선택하는 방법

'fifty-fifty'는 50 대 50, 반반이라는 뜻이다. 50 대 50의 선택과 결정 앞에서 나와 같이 결정을 두려워하는 사람들이 가장 자주 쓰는 방법이 '둘 중에 어느 것이든 상관없다'는 것이다. 분명 상관이 없지 않은데 우리 자신을 속인다. 그 이유는 마음속 저울을 통제할 힘이 부족하고 정말 내가 원하는 것과 좋아하는 것을 선택할 줄 모르기 때문이다.

잠깐이라도 마음속 저울을 객관적으로 보고 올바른 판단을 내려서 단 1%라도 나의 마음이 기우는 쪽을 선택해야 하는데 지금까지 그렇게 해본 적이 없다. 나의 마음속 저울이 어느 쪽으로 기울어졌는지를 정확히 알 수 있다면 얼마나 좋을까?

이 저울의 추를 통제하고 나의 상황을 객관적으로 판단하기 위한 방법이 있다. 바로 '감정 조절'이다. 우리가 느끼는 감정이 선택과 결정을 하는 데 과연 필요할까? 나는 좋은 결정, 덜 후회하는 결정을 하기 위해 감정을 객관화해야 한다고 생각한다. 살면서 기분이나 감정에 휘둘려 선택을 하고 후회한 적이 있지 않은가? 이때를 빗대어 표현하는 단어가 '시발 비용'이다.

시발 비용은 감정이 선택에 영향을 미친다는 것을 가장 대표적으로 보여준다. 비속어인 시발과 비용을 합친 단어로 스트레스나 기분이 나쁘지 않았으면 발생하지 않았을 비용을 뜻하는 신조어다. 상사에게 혼나고 기분이 울적할 때, 우울하고 외로워서 무엇인가 나만의 행복이나 만족감을 느끼고 싶을 때 백화점이나 인터넷 쇼핑을 통해 아무런 목적 없이 물건을 구매하고 후회해본 적이 한 번씩 있을 것이다. 나도 이런 경우가 종종 있었다. 감정 조절을 잘했다면, 지금 내가 느끼고 있는 감정을 객관적으로 분석해봤다면 분명 시발 비용으로 인한 후회를 안 했을 텐데 말이다.

인간은 감정의 동물이다. 그렇기 때문에 지금 나의 감정이 선택과 결정에 영향을 미친다는 것을 인지하고 마음속 감정을 반드시 객관적으로 바라봐야 한다. 또한 감정으로 인해 잘못된 선택을 하여 후회하지 않기 위해서라도 감정을 적절히 통제해야 한다. 감정에 치우치지 않고 내가 원하는 51%를 선택하는 방법은 바로 명확한 자기 분석이다. 먼저 종이를 꺼내 가로 두 줄, 세로 두 줄의 표를 그리자. 한쪽에는 지금 고민하고 있는 일을 했을 때의 장점과 단점을, 다른 한쪽은 하지 않았을 때의 장점과 단점을 써보자.

고민하고 있는 일을 했을 때의 장점	고민하고 있는 일을 했을 때의 단점
고민하고 있는 일을 하지 않았을 때의 장점	고민하고 있는 일을 하지 않았을 때의 단점

하나둘 적다 보면 선택과 결정으로 인해 발생하는 결과의 장단점이 정리된다. 어떤 선택이 더 좋은 결과를 가져올지 판단할 수 있고, 지금 느끼고 있는 감정이 올바른 선택과 결정을 방해하고 있다는 것을 자연스럽게 깨닫게 된다. 이렇게 결정 저울을 작성하다 보면 결국 나와 직면하게 된다. 올바른 선택과 결정을 방해하는 감정에서 벗어나 내가 무엇을 좋아하고 싫어하는지, 무엇을 잘하고 못하는지, 무엇에 관심이 있고 없는지 등 '나'라는 사람을 알게 된다. 그리고 이 결정 저울이 쌓이고 쌓이면 나도 몰랐던 나를 조금씩 발견하게 된다.

오늘도 퇴근하는 길에 팀장님한테 혼났다. 기분은 굉장히 언짢고 무언가 새로운 것을 사지 않으면 안 될 것 같다. 그래서 핸드폰을 꺼내 인터넷 쇼핑을 한다. 그런데 잠깐! 감정에 휘둘려서 필요하지 않은 것을 샀다가 또 후회하는 나의 모습이 상상되지 않는가? 지금이 바로 결정 저울을 그려볼 때이다. 이 물건을 구입했을 때의 장단점과 구입하지 않았을 때의 장단점을 객관적으로 분석하면서 각 분면을 채워보면 지금 어떤 선택과 결정을 해야 하는지 명확해진다.

가끔 생각해볼 때가 있다. 결정 저울을 그리는 법을 중학교 3학년 때 알았더라면 내가 꿈꿨던 국선변호사가 되었을까? 국선변호사가 돼서 어려운 사람을 돕고 정의 구현을 위해 열정을 불태우는 나의 모습을 상상할 때면 기분이 좋아진다.

100% 완벽한 선택이란 있을 수 없다. 그러나 단 1%라도 내가 원하는 선택은 할 수 있다. 그러기 위해서 선택과 결정의 순간 나의 감정을 적절히 통제해보자. 그리고 그 상황을 객관적으로 바라볼 수 있는 시간을 가져보자. 이때 우리가 사용할 결정 저울은 후회 없는 선택에 분명 큰 도움이 될 것이다.

흔들리지 않는 나만의 신념 세우기
─ 팔랑귀 예방법

친구들과 오랜만에 술자리를 가졌다. 이제는 회사에서 어느 정도 위치에 오른 친구들은 회사 이야기뿐만 아니라 아이들 초등학교 입학 전 학군 문제, 치솟는 집값으로 언제 집을 살 수 있을까에 대한 주거 안정 문제, 직장 생활을 앞으로 얼마나 더 할 수 있을까 하는 제3의 인생 설계 문제 등 정말 다양한 주제로 이야기를 나누며 술잔을 기울였다.

그러다 한 친구가 주식 이야기를 시작했다. 요즘 2인 이상만 모이면 빠질 수 없는 주제인 주식 이야기로 술에 취한 정신도 똑바로 부여잡고 귀를 쫑긋 세워가며 새로운 투자처가 없는지 집중하며 들었다. 일확천금은 아니더라도 떡상에 떡떡상을 해서 경제적인 독립을 하고 싶은 모든 직장인들의 희망을 실현할 수 있는 종목인지 알려면 일단 정보가 필요하다.

"이번에 ○○종목이 괜찮다네. 2차 전지며 전기차까지 투자하는 분야가 많나 봐."

고급 정보다. 이미 아는 친구도 있었지만 지금 사도 괜찮을 거라는 말에 핸드폰 메모장을 열어 정확하게 종목명을 적어뒀다. 그리고 혹시나 까먹을까 봐 주식 매매 시간에 맞춰 '○○종목 매수'라고 알람까지 설정해뒀다.

다음 날 어김없이 알람이 울리고 나는 일을 하다가 주변 상황을 살핀 뒤 이때다 싶어서 핸드폰을 열고 주식 매매창으로 들어갔다. 매수 금액이 조금 높아서 부담됐지만 친구의 말을 믿고 구매 가능한 현금 범위에서 매수를 진행했다. 결과는 어떻게 됐을까?

역시나 내가 구매한 뒤로 계속 하한가다. 빨간색이 아닌 파란색만 몇 개월째 보고 있는데 친구를 원망할 수도 없다. 어차피 투자는 개인 책임이니까. 친구의 말만 믿고 아무것도 따져보거나 고려하지 않고 매수했으니 다른 친구들에게 말도 못 하고 혼자 끙끙 앓고 있다. 언젠가는 오르겠지, 하는 헛된 희망을 품은 채로.

이 일 외에도 나는 주변 사람들의 말만 믿고 아무 생각 없이 선택과 결정을 했다가 실수한 적이 여러 번 있다. 전자제품 판매점에서 특가 세일에 사은품도 많이 준다는 말만 듣고 가전제품을 구매한 적도 있다. 분명 옷이 꽉 끼는데 종업원이 원래 사이즈에 딱 맞춰서 입는 옷이라고 해서 덥석 사고는 단 한 번도 입지 않은 옷이 여러 벌 있다. 그리고 원래 사고 싶었던 신발은 제쳐두고 점원의 말에 혹해서 아직까지 신발장 안에 몇 년째 먼지가 소복이 쌓여 있는 N사 신발까지. 이 정도면 내가 얼마나 팔랑귀인지 감이 올 것이다.

팔랑귀는 말 그대로 귀가 팔랑거릴 정도로 얇아서 남의 말에 잘 흔들리는 사람을 비유하는 말이다. 이런 사람들은 대부분 다른 사람의 의견을 잘 따르고 줏대 없다는 말을 많이 듣는다. 좋게 포장하면 다른 사람들의 말을 잘 경청한다고 할 수 있지만 사실 경청보다는 상대방에 대한 맹목적인 의존도가 강하고 자존감이 낮을 뿐만 아니라 주변 사람의 시선과 평가에 예민한 사람들이 팔랑귀일 확률이 다분히 높다. 결국 팔랑귀들은 자신이 원하는 선택과 결정을 못 하고 다른 사람의 의견을 그대로 따른다.

조언과 충고는 참고만 한다

'훈수를 둔다'는 말은 바둑이나 장기, 체스에서 직접 경기는 하지 않으면서 이래라저래라 간섭하고 참견하는 것을 일컫는다. 주변에 훈수를 잘 두는 사람들을 떠올려보면 어떤 느낌인지 바로 알 수 있다. 내가 고민이 하나 있다고 하면 '무슨 고민이냐'부터 시작하여 내 고민을 들어주려고 하는 것인지 자기 하고 싶은 말을 하는 것인지 모를 정도로 아무 말이나 떠들어대는 사람들도 떠오른다.

생각해보면 나처럼 선택과 결정을 잘 못 하는 사람들은 훈수를 잘 두는 사람을 찾는다. 훈수를 두는 사람은 조언, 충고라는 이유로, 나를 생각하고 위해준다는 핑계로 이런저런 이야기를 많이 해준다. 나는 그 말을 믿고 선택과 결정이라는 두렵고 긴장되는 순간을 벗어날 수 있다.

그런 사람들의 이야기를 듣고 내린 선택과 결정이 정말 나에게 도움이 되었을까? 경제적 심리적으로 안정되고 더 나은 오늘을 살게 되었을까? 그렇지 않다. 나의 기준과 확신이 없는 선택과 결정은 내가 한 것이 아니다. 내가 원하고 바랐던 선택과 결정을 하지 않았기 때문이다. 어떻게 하면 주변 사람들의 조언과 충고에 흔들리지 않고 내가 원하는 선택과 결정을 할 수 있을까?

결론부터 말하면 나의 가치관과 주관을 가져야 한다. 자기 확신에서 비롯된 나만의 가치관과 주관을 갖고 있어야 선택과 결정에서 내가 주인이 될 수 있다. 지금부터 팔랑귀를 예방할 수 있는 방법을 소개한다.

첫 번째, 멈추기(Pause)다. A가 맞는지 B가 맞는지 모를 때, 철수의 이야기도 영희의 이야기도 모두 맞는 것 같을 때 일단 멈춰서 생각을 정리해보는 것이다. 선택과 결정을 해야 할 상황에서 나의 판단인지, 타인의 충고나 조언에 나의 마음이 움직이는 것인지를 명확하게 구분해야 한다.

나는 아침 일찍 일어나 산책을 한다. 가볍게 걸으면서 현재 고민하고 있는 것들 중에서 한 가지만은 머릿속으로 정리하는 시간을 가지려고 한다. 걷다 보면 생각도 정리되고 좋은 아이디어가 떠오르는 경우도 있다.

두 번째, 생각하기(Thinking)다. 다른 사람의 말에 따라 행동하고 결정했을 때 어떤 결과가 나올지를 생각해보는 것이다. 내가 원하는 결과물이 나올지, 내가 생각했던 방향대로 일이 진행될지를 생각해봐야 한다. 단 하나라도 의심이 가거나 미심쩍은 것이 있다면 과감히 포기하고 나의 생각대로 일이 진행될 수 있는 방향으로만 생각을 집중해야 한다.

세 번째, 천천히(Slowly) 결정하기다. 급하게 마음먹을 필요 없다. 눈앞에 놓인 기회를 놓칠 것 같더라도 스스로 확신이 서지 않는다면 조금 천천히 생각할 필요가 있다. 무언가 당장 행동해야 되고 바로 의사 표현이나 선택과 결정을 해야 한다는 생각에 휩싸이면 원하는 결과를 얻지 못할 수도 있다.

그래서 나는 선택과 결정을 할 때 마감 기한을 정한다. 스스로 기한을 정해서 다이어리에는 마감 기한을, 핸드폰 알람에는 마감 기한 D-1과 디데이(D-DAY)를 같이 설정하여 스스로와의 약속을 지키려고 한다. 이렇게 하지 않으면 고민의 시간만 길어져서 생각하는 것을 멈추게 되어 결국 타인이 원하는 대로 결정할 가능성이 크다.

잠시 멈춰서(Pause) 생각하고(Thinking) 천천히(Slowly) 결정하기. 온전히 나만의 시간을 가지면서 꾸준히 PTS를 실천한 결과 나는 선택과 결정을 못 하는 사람에서 신중한 사람, 선택과 결정을 잘하는 사람이 되었다. 더불어 팔랑귀였던 습관도 바뀌면서 나만의 가치관과 기준을 가지고 선택과 결정을 할 수 있게 되었다.

말하는 연습이 필요한 이유
─ 프로결정러의 말하기

자신감과 확신에 찬 목소리로 당당하게 말하는 사람들을 상상해 보자. 나는 초등학교 학생들이 단상에 서서 두 손을 불끈 쥐고 하나의 주제로 발표하던 모습이 떠오른다. 나의 학창 시절에는 웅변대회라는 것이 있었다.

국어사전에 웅변(雄辯)은 '조리가 있고 막힘없이 당당하게 말함. 또는 그런 말이나 연설'로 정의되어 있다. 한 가지 주제를 가지고 자신의 주장을 설득력 있고 논리적으로 발표하는 것이 웅변대회다.

학교 웅변대회에서 입상하면 시 대회, 도 대회 그리고 전국 대회까지 나갈 수 있고, 대회에서 수상을 하면 생활기록부에 한 줄이 적혔다. 주변 사람들도 웅변대회에서 상을 받았다고 하면 리더십 있고 논리적이고 추진력이 강한 사람이라고 평가했다.

나는 웅변대회를 준비하거나 나가본 경험이 없다. 사람들 앞에 나가서 말하는 것이 쑥스러웠고 그 사람들이 나를 평가한다는 것이 무서웠다. 지금 표현으로 무대공포증이 있어서 단상에 올라가는 것도 힘들었다.

웅변대회는 아니지만 이후 중고등학교부터 대학교까지 발표 수업을 할 때도 앞에 나가기 전부터 심장이 미친 듯이 뛰고 손과 이마, 등에는 홍수처럼 땀이 났다. 앞에 나가면 준비했던 내용이 하나도 생각나지 않았고 시선 처리를 어떻게 해야 할지 몰라서 땅을 보거나 천장에 있는 등이나 벽에 붙어 있는 시계를 보고 발표했다.

나의 발표를 듣는 사람들이 나를 바라봤을 때 '저 사람 무슨 이야기를 하는 거야. 그래서 하고 싶은 말이 뭐야?'라고 할 정도로 두서없이 똑같은 말만 반복했다. 실제로 발표를 듣던 교수님과 일부 학생들에게 그런 지적을 받은 적도 있다.

나의 주장을 다른 사람들 앞에서 자유롭게 이야기하는 것을 꺼렸고, 가급적 그런 기회가 오지 않기를 바라거나 피하려고 했다. 나를 아는 사람들이 이 이야기를 들으면 '네가? 설마?'라고 할 정도로 지금은 많이 바뀌었지만 아직도 발표하기 전에는 떨리고 긴장된다.

말하기의 중요성을 언급하는 이유는 선택과 결정을 어려워하는 사람들의 일반적인 이미지가 자기주장이 없고 다른 사람들의 선택과 결정대로 따르며 소심해 보이는 사람들이기 때문이다. 물론 선택과 결정을 못 하는 모든 사람들의 공통된 이미지는 아니다.

선택과 결정을 어려워하는 사람들은 자기 확신이 부족하다. 어떤 사안이나 문제에 대해 바로 결단을 내리거나 추진하지 못하고 우물쭈물하거나 피하려는 모습으로 비쳐지면서 말하기에도 영향을 미친다. '아무거나 먹자', '그냥 네가 원하는 대로 하자', '글세…… 잘 모르겠네' 등 확신이 없는 말투는 나를 더 위축되게 만들고 다른 사람들 뒤에 숨어서 점점 더 선택과 결정을 어려워하는 사람, 자기주장이 없는 사람으로 만든다.

불확실한 말습관이 결정장애를 낳는다

강원국 작가는 《강원국의 어른답게 말합니다》에서 "말버릇은 여러 번 거듭하다 보니 몸에 밴 어투다. 자신도 모르는 사이에 입에서 나오는 습관 같은 것이다"라고 말버릇과 말습관에 대한 이야기를 했다. 내가 타인에게 어떤 이미지로 보여지는지를 알려면 자신의 말습관을 분석할 필요가 있다. 부정적인 말보다는 긍정적인 말습관으로 바꾸면 인생도 바뀐다고 한다.

말이 '나'라는 인격체를 만든다. 내가 어떤 말을 사용하느냐에 따라 '나'라는 사람의 행동에 영향을 주고, 행동은 습관이 된다. 선택과 결정을 어려워하는 사람들의 말에는 은연중에 자기 확신이 부족한 면이 내포되어 있듯이, 말습관을 바꾸면 선택과 결정이 조금 더 쉬워질 수도 있다.

나는 말 잘하는 사람이 되기를 바라지 않는다. 말을 잘한다는 것은 주변 사람들을 끌어모으고 영향력이 생긴다는 점에서 좋지만 지금 당장 필요한 것은 내 의견을 잘 표현하는 사람이 되는 것이다. 그러기 위해서는 말하는 연습이 필요하다.

첫 번째로 해야 할 것은 나의 말습관을 분석하는 것이다. 대화를 하면서 '아마도, 글쎄' 등과 같이 자기 확신이 없는 단어를 하루에 몇 번이나 사용하는지를 알아본다. 점심 메뉴를 고를 때 '둘 중에 아무거나 괜찮아', 보고 싶은 영화를 정할 때 '그냥 너 보고 싶은 것 보자', 둘 중 하나를 고를 때 '글쎄, 둘 다 괜찮네' 등 일상생활에서 내가 어떤 말을 하는지 꼼꼼히 따져보고 명확하지 않은 표현을 얼마나 사용하는지 분석한 후 그러한 말들을 사용하지 않기 위해 노력한다.

두 번째, '나'를 주어로 바꾸는 연습을 한다. '나는 말이야', '나는 이렇게 생각해' 등과 같이 나를 주어로 이야기하자. 어린아이들이 자신을 주어로 '철수는 짜장면이 먹고 싶어', '영희는 초코 아이스크림이 참 좋아'라고 말하듯이 의도적으로 나를 주어로 이야기하는 연습을 한다. 기본적으로 내가 무엇을 좋아하고 잘하는지를 명확하게 드러내기 때문에 말을 하면서 자기 확신 또한 더 강해진다.

세 번째, 솔직하게 표현하는 연습을 한다. 선택과 결정을 어려워하는 사람들은 자신의 생각과 감정을 숨기려고 한다. 나보다는 주변 사람들의 시선이나 반응에 민감하고 타인의 기대에 맞추는 것에 더 익숙하다 보니 선택과 결정에서 나는 항상 빠져 있다. 의도적으로 나의 생각과 감정을 표현하는 연습을 한다. '나는 이렇게 생각합니다', '나는 지금 기분이 좋지 않아' 등 직접 상대방과 대면하거나 글로 이야기할 때도 나를 표현하는 연습을 꾸준히 한다.

습관적인 말과 행동을 바꾸고 싶다면 스스로 인식하고 꾸준히 연습하는 것만이 방법이다. 처음에는 어색하고 쉽게 입 밖으로 나오지 않는다. 하지만 우리는 할 수 있다. '말이 바뀌면 행동이 바뀌고 행동이 바뀌면 습관이 바뀌고 습관이 바뀌면 인생이 바뀐다.' 나의 말과 행동을 바꿔 나의 생각과 감정, 그리고 의견을 자유롭게 표현하는 사람이 될 수 있다.

선택과 결정 앞에서 갈팡질팡하던 나, 내가 무엇을 좋아하고 원하는지 몰라서 선택과 결정을 미루거나 일부러 피했던 나는 이제 잊어버리자. 나의 생각과 감정을 표현하는 것만큼 인생에서 중요한 것은 없다.

선택과 결정 앞에서 꼭 확인해야 할 것
— 프로결정러의 체크리스트

　장교 생활 3년. 나는 대위로 진급한 후 강원도 고성에 있는 한 부대의 중대장으로 전출을 가게 됐다. 나는 고등학생 때 실장, 대학생 때 과총무를 맡아봤지만 한 부대의 책임자라는 부담감은 그것과는 사뭇 달랐다. 이 부담감은 전출 전부터 나를 걱정과 긴장 속에 가뒀다. 하지만 자신감을 가져야만 했다. 아니, 가질 수밖에 없었다. 전시라면 중대장이라는 직책은 순간의 판단력과 한마디 명령으로 부대원들을 살리고 죽일 수도 있는 위치이다. 평상시에는 리더십과 업무 추진력으로 부대원들에게 신뢰감을 주어 부대가 잘 돌아가게 만들어야 한다. 그래서 나는 선택과 결정을 못 하는 모습, 우유부단한 모습으로 비쳐서는 안 됐다. 나에게는 무엇인가 대책이 필요했다.

중대장으로 첫 부임을 하고 3개월 동안 '과거에는 부대가 어떻게 운영되어 왔는지, 어떠한 문제점이 있었고 나는 어떤 역할을 해야 하는지' 지켜보고 관찰하는 시간을 보냈다. 그리고 개선해야 할 방향과 앞으로 추진해야 할 업무들을 수첩에 써 내려갔다.

그렇게 하루 이틀이 지나고, 일주일, 한 달이 지났다. 그런데 문제는 수첩을 보면 내가 직접 썼는데도 무슨 내용인지, 왜 메모를 했는지 알 수 없고 기억도 나지 않는다는 것이었다. 아무런 기준도 없이 그저 중구난방으로 써 내려갔기 때문이다. 지금 생각해보면 해야 할 것, 개선할 것, 해보고 싶은 것을 의식의 흐름대로 적었다. 정확한 핵심과 그것을 해야 하는 이유, 언제까지 처리해야 하는지를 생각하지 않고 작성하다 보니 의미 없는 메모가 되어버렸다. 역시 생각과 고민만 많은 나의 성격이 그대로 드러나는 메모에 또다시 스스로에게 실망했다.

'좀 좋은 방법이 없을까? 계속 이렇게 반복하지 않을 수는 없을까?'라고 고민하던 차에 우연히 서점에서 프랭클린 플래너를 발견했다. 당시만 해도 학창 시절부터 일기를 써왔지만 1년 동안 지속해본 적은 없다. 그러다 보니 '이번에도 똑같겠지. 괜히 돈 낭비하지 말자'는 생각에 처음에는 주의 깊게 보지 않았다. 하지만 기존에 써왔던 다이어리와는 다른 형식과 구성으로 되어 있고 이름도 다이어리가 아닌 플래너라서 '이건 좀 다르지 않을까?'라는 생각을 하면서 집으로 왔다.

집에 돌아와 프랭클린 플래너를 쓰고 있는 다른 사람들의 후기를 읽어보고 플래너로 시간 관리하는 방법들을 알아보면서 '이거다!'라는 확신이 들었다. 생각과 걱정이 많고 복잡한 머릿속을 정리하기에 가장 효과적인 도구가 될 것 같았다.

결국 당시 10여만 원이 넘는 돈을 투자해서 풀세트를 구매했다. '투자한 만큼 잘 써야지!'라고 스스로에게 최면을 걸고 한 달, 두 달 쓰다 보니 프랭클린 플래너는 어느새 11년이라는 시간 동안 나의 생각과 걱정을 정리해주는 친구가 되었다.

프랭클린 플래너를 쓰는 방법은 워낙 많이 나와 있고 CEO뿐만 아니라 직장인, 학생에 이르기까지 다양한 연령대의 사람들이 사용하면서 나름대로 성공 경험 사례들도 많다. 나도 플래너를 통해 복잡한 머릿속을 정리하고 선택과 결정 앞에서 당당해질 수 있게 됐다.

지금은 플래너가 없어도 자연스럽게 생각 정리가 된다. 오랜 시간 동안 직접 해본 경험을 바탕으로 내가 어떻게 프로결정러가 되었는지 설명해보려고 한다. 나만의 체크리스트를 통해 어떻게 복잡한 생각들을 정리하고 해야 할 일들을 관리할 수 있는지 소개한다. 종이와 펜만 있으면 되니 한번 따라 해보자.

복잡한 머릿속 체크리스트 만들기

체크리스트는 학생이 공부를 할 때, 직장인이 회사 일을 할 때 등 다양한 분야에서 활용할 수 있다. 체크리스트를 만드는 이유는 크게 3가지다.

첫째, 놓치는 일을 최소화하기 위해서다. 예를 들어 결혼 준비를 한다고 하자. 신랑과 신부는 챙겨야 할 것들, 준비해야 할 것들이 생각 외로 너무 많다. 인터넷에서 결혼 준비 체크리스트라고 검색 하면 이미 결혼한 부부들이 작성했던 체크리스트들을 볼 수 있다. 결혼식 최소 6개월 전부터 준비해야 할 것, 결혼식에서 챙겨야 할 것, 결혼식 후에 확인해야 할 것들이 자세히 나와 있어 준비 과정 에서 놓치는 것을 최소화할 수 있다. 그리고 자신만의 결혼식 플랜 을 좀 더 견고하게 만드는 데 활용할 수 있다. 이처럼 체크리스트 를 작성하면 나의 머릿속에 있는 생각들, 결정과 선택 앞에서 고민 이 되는 것들을 하나하나 정리하고 중요한 것들을 놓치지 않을 수 있다.

둘째, 중요한 것과 중요하지 않은 것을 구분하기 위해서다. 체크 리스트를 작성해보면 생각보다 불필요한 것들, 지금 당장 고민하 지 않아도 되는 것들이 많다는 것을 알게 된다. 또한 이러한 생각 들이 나의 올바른 선택과 결정을 가로막는다는 사실도 깨닫는다. 체크리스트를 작성하면 정말 필요한 생각들과 쓸데없는 생각들을 구분할 수 있고, 집중해야 할 것, 고려해야 할 것이 무엇인지 명확히 알게 된다. 체크리스트를 보고 불필요한 부분은 과감하게 삭제하면 머릿속이 한결 가벼워진다.

셋째, 지금 추진하고 있는 업무, 고민하고 걱정하는 것들이 사라지고 내가 원하는 방향으로 진행되고 있다는 것을 점검하기 위해서다. 체크리스트에 작성되어 있는 것들을 지워나가거나 완료한 것들을 다른 색깔로 표시해나가다 보면 일이 어떻게 진행되고 있는지 한눈에 알 수 있다. 또 머릿속도 한결 정리되어 마음 편하게 선택과 결정을 한 나 자신을 발견하고 뿌듯함도 느끼게 된다. 그럼 지금부터 체크리스트를 활용하여 프로결정러가 되는 방법을 소개하겠다. 준비되었는가?

'지금 이직을 준비 중'이라고 가정해보자.

첫 번째 단계는 이직을 선택하기 전에 고려해야 할 사항들을 적어보는 것이다. 이직하려는 회사의 분위기, 조직문화, 사업 분야, 발전 가능성부터 연봉과 직급, 이직하려는 부서 구성원의 나이, 성비, 직무 등등. 이러한 생각들을 정리하기 위해서 가장 먼저 머릿속에 떠오른 고민과 걱정들을 생각나는 대로 적어본다.

두 번째 단계는 작성한 것들을 카테고리로 구분하는 것이다. 예를 들어 외부 환경과 관련된 것과 내부 환경과 관련된 것들은 따로 묶는다. 또는 개인적인 측면인지 조직적인 측면인지에 따라서도 항목을 나눈다.

세 번째 단계는 분류된 카테고리 안에서 우선순위를 정해 번호를 매기는 것이다. 우선순위는 중요도와 시급성 등 나만의 기준을 가지고 정해야 한다. 이 단계에서 우선순위가 낮은 항목들은 완전히 지우지 말고 다른 색으로 표시하거나 두 줄을 그어둔다. 불필요한 생각들이 어떤 것인지 되새기는 것이다.

마지막 단계는 정리된 항목들을 보면서 본격적인 고민을 시작하는 것이다. 앞의 단계를 거쳐오면서 중요도가 정해졌고 불필요한 생각들은 삭제했다. 내가 이직을 하려는 목적과 이직을 할 때 중요하게 고려해야 할 사항들

연봉? 직급?
조직문화? 분위기?
사업 분야? 직무?
구성원 나이? 성비?

분류	항목
외부	사업 분야, 사회적 인식
내부	조직문화, CDP
개인	연봉, 직급
조직	구성원 나이, 성비

분류	항목	우선순위
외부	사업 분야	①
외부	사회적 인식	②
내부	조직문화	②
내부	CDP	①
개인	연봉	①
개인	직급	②
조직	나이	①
조직	성비	②

원하는 회사 선택!
↓
이직 성공

이 분명해졌다면 내가 원하는 회사로 이직하기 위한 올바른 선택을 할 수 있다.

이것은 프랭클린 플래너의 일부 방법을 차용해서 나만의 방식으로 발전시킨 것이다. 해야 할 일들을 나열하고 분류해서, A, B, C 등급으로 중요도를 나눈 다음 생각의 진행 정도를 표시하다 보면 복잡했던 머릿속이 한결 가벼워지고 불필요한 시간 소비 없이 **빠른 선택과 결정을 할 수 있다.**

체크리스트는 한번 작성해서 버리거나 끝내는 것이 아니라 선택과 결정을 하지 못할 때마다 꺼내 보면서 지난번에 동일한 걱정과 고민을 또 하고 있지는 않은지, 그때는 어떻게 생각을 정리했는지 끊임없이 상기시켜야 한다. 작성한 체크리스트는 주 단위, 월 단위 또는 분기 단위로 계속 모아놓고 또다시 생각이 많아졌을 때 꺼내 보는 소중한 자산이다.

결정을 두려워하는 사람들이 선택과 결정 앞에서 주눅 들었던 이유는 너무 많은 생각과 걱정들이 머릿속에 둥둥 떠다니기 때문이다. 체크리스트는 분명 떠다니는 생각들을 글 또는 문자로 작성함으로써 1차 정리를 도와준다. 그리고 카테고리를 나눔으로써 여기저기 뻗어나간 생각들을 공통된 하나의 기준으로 묶어서 2차 정리를 한다. 3차 정리는 동일한 잣대로 우선순위를 정하고 불필요한 생각들을 지워나가는 것이다.

3단계의 정리 과정을 통해 정말 내가 원하는 것을 발견하고 내가 원하는 선택과 결정에 한 걸음 더 다가갈 수 있다.

최선의 선택이
최고의 기회를 만든다

선택 후에 일어날 일을 두려워하지 마라

군대 전역 전부터 20개가 넘는 회사에 이력서를 냈다. 대기업부터 중소기업까지 '어딘가에 나를 필요로 하는 곳이 분명 있을 것이다'라는 기대를 안고 내가 원하는 직무 분야에서 채용 공고가 올라오면 무조건 서류를 접수했다. 서류 전형에 합격하여 면접을 볼 기회가 왔을 때를 대비하여 예상 질문을 생각해보았다.

'인생을 살면서 가장 어려웠던 선택은 무엇이었나요?'

32년 동안 무수히 많은 선택의 순간이 있었는데, 그중 가장 어려웠던 선택은 무엇이었을까? 지난 시간을 돌이켜봤다.

군대에서 장기지원서를 제출할 때, 아니면 전역을 고민할 때, 연인과 헤어지기로 결정할 때, 교원 임용고시를 포기할 때, 대학원 진학을 위해 전공을 심리학으로 해야 하나 경영학으로 해야 하나

등 인생의 큰 변곡점의 순간이 떠올랐다. '사소한 문제를 보고해야 하나'를 고민할 때도 있었고, 공무원 시험 준비를 위해 'A, B 업체 중에 하나를 골라야 할 때'도 있었다. '이번 주에 부모님 집을 내려갈까 말까'와 같은 선택의 순간들도 떠올랐다.

내가 준비했던 사례는 '지리산 종주를 할까 말까'였다. 약 8년이라는 기간 동안 군 생활을 하면서 고생한 나에게 줄 수 있는 선물로 지리산 종주를 생각했다. 등산을 꾸준히 했던 것도 아니고 전역 직전에는 체력 관리도 안 해서 배도 나오고 체중도 늘어난 상태였다. 주변 사람들은 '너한테 불가능한 일이야', '혼자 가는 것은 굉장히 위험해', '무슨 등산이야, 취직 준비 안 해?'라며 만류했다.

나 역시 '겁도 없이 가는 것이 맞나?', '지금 여행 다닐 때인가?' 등 스스로도 갈지 말지에 대한 고민을 했다. 부모님도 안전상의 문제로 가지 말라고 여러 번 말씀하셨다.

그러나 지리산 종주는 나에게 큰 의미가 있었다. 전역한 나에게 주는 선물이라는 의미 외에도 쉽게 도전하기 어려운 종주이기에 완주를 했을 때의 성취감을 느껴보고 싶었다. 3대가 덕을 쌓아야 볼 수 있다는 지리산의 일출을 보면서 전역 후 나의 미래에 대한 다짐을 가슴속에 꼭 새기고 싶었다.

결국 나는 주변 사람들의 우려와 걱정에도 불구하고 전역 후 하루가 지난 날 저녁에 무거운 배낭을 등에 짊어지고 영등포역으로 가서 밤기차를 타고 노고단으로 향했다. 그리고 2박 3일 동안 지리산 종주를 마쳤고, 3대가 덕을 쌓아야 볼 수 있는 지리산 일출을 직접 보면서 펑펑 울어버렸다.

인생에서 가장 어려웠던 선택이라고 말하기에는 조금 사소해 보일 수 있지만 당시 나에게 지리산 종주는 갈까 말까, 그 이상의 의미였다. 현실과 타협이냐, 새 출발과 새로운 시작의 신호탄이냐의 문제였기에 나에게는 어렵고 신중한 선택이었다. 결국 나는 내 마음이 말하는 대로 선택했다. 선택 후에 벌어질 일들에 대한 걱정과 두려움을 뒤로하고 내가 하고 싶고 정말 원하는 선택을 했다. 시간이 한참 지난 지금도 정말 잘한 선택이라고 생각한다. 내 삶에서 수많은 선택 중에 베스트라고 말할 정도로 단 한 번도 후회하지 않았다.

선택과 결정 앞에서 당당해지기

2014년 유난히 무더웠던 7월, 우리나라 국민 영웅의 이야기가 영화화된다는 소식에 많은 사람들이 기대감을 가졌다. 학교와 군부대에서 단체로 보러 갈 정도로 굉장한 인기와 관심을 받았던 영화는 누적 관객 수 총 1,761만 5천 명을 기록하며 우리나라 역사상 가장 많은 관객을 동원했다. 바로 이순신 장군의 이야기를 다룬 영화

〈명량〉이다. 지금은 국경일, 명절 특선 영화로 자주 나오는데 볼 때마다 가슴 뭉클하고, 불가능해 보이는 상황에서도 용기를 가지게 해주는 나의 인생 영화 중의 하나다.

영화에는 명장면도 많고 명대사도 많은데 내가 생각하는 최고의 명대사는 바로 "두려움을 용기로 바꿀 수 있다면, 그 용기는 백 배, 천 배 큰 용기로 배가 되어 나타날 것이다"이다. 아군의 배 13척으로 일본 수군의 배 300척과 싸운다면 어느 누가 두렵지 않을 것이고 어느 누가 도망치려고 하지 않을까? 하지만 이순신 장군은 두려움을 용기로 바꿨다. 그리고 전 세계 해전 역사상 가장 유명한 명량해전을 큰 승리로 이끌었다.

선택과 결정에 대한 두려움 앞에서 용기를 낼 수 있는 방법, 지금부터 나만의 방법을 몇 가지 설명하려고 한다.

첫 번째, 최상의 결과를 상상한다. 선택과 결정 뒤에 어떤 결과가 나타날지는 아무도 알지 못한다. 사실 두려움은 대부분 선택과 결정 후에 벌어질 일에 대한 걱정에서 비롯된다. 나는 항상 최상의 결과를 상상한다. 불확실함 속에서 최상의 결과를 상상하다 보면 용기뿐만 아니라 자신감도 생기고 잘될 것이라는 생각에 기분도 좋아진다. 머릿속으로만 상상하지 말고 글이나 그림으로 표현해보면 더 명확해진다. 메모장에 내가 상상하는 긍정적인 결과를 적어보면서 두려움을 극복한다.

두 번째, 좋은 감정을 활용한다. 사람은 감정의 동물이기에 생각과 행동이 감정의 영향을 받는다. 자신과 타인의 관계뿐만 아니라 말과 행동을 하기 전에도 감정 관리는 중요한 요소이다. 나는 선택과 결정의 순간 최대한 좋은 감정을 유지하려고 노력한다. 혹시라도 기분이 나쁘거나 우울할 때, 화가 난 상태에서는 결정을 연기하거나 기분 전환을 하려고 노력한다. 감정의 영향으로 안 좋은 선택을 할 수 있고 좋은 선택이라도 부정적인 기운이 전달되지 않았으면 하는 바람에 기쁨, 즐거움, 감사함 등과 같은 긍정의 감정으로 바꾸려고 한다. 우선 크게 심호흡을 세 번 한다. 다른 사람들이 보면 한숨으로 오해해 '땅 꺼진다'고 할 정도로 크게 심호흡을 하고 나면 마음이 진정되고 머리가 맑아진다.

세 번째, 책임에 대한 부담감을 내려놓는다. 나의 선택과 결정에 따르는 책임의 무게가 어느 정도이냐에 따라 두려움의 크기가 달라진다. 상황에 따라서 다르겠지만 100% 내 책임이라는 생각을 하지 않는다. 내가 직접 통제할 수 없는 상황이라면 타인에 의해 결과가 달라질 수 있다. 무조건 '내 책임'이라는 마음가짐을 버린다. 그러기 위해 선택과 결정을 하기 전에 책임의 범위를 미리 설정한다. 언뜻 보면 책임을 전가하는 것처럼 보이지만 무턱대고 남 탓을 하지 않는다. 사안과 상황에 따라 책임의 범위를 나누고 내가 잘못한 부분은 명확하고 솔직하게 사과한다. 여기서 중요한 것은 무거운 책임감을 내려놓는다는 것임을 명심하자.

네 번째, 나에 대한 믿음, 바로 자기 확신을 가진다. '나는 할 수 있다', '나는 잘될 것이다', '나는 옳은 선택을 할 것이다'와 같이 끊임없는 자기최면을 통해 나에 대한 믿음을 쌓는다. 운동선수들이 시합을 하기 직전에 내지르는 기합이나 기도처럼 속으로 되새기기도 하고 가끔은 입 밖으로 내뱉기도 한다. '넌 잘할 거야! 넌 잘할 수 있어'라고 말이다.

인생은 선택과 결정의 연속이다. 언제 어떤 선택과 결정의 상황이 닥칠지 모른다. 그래서 연습과 노력이 필요하다. 선택과 결정의 순간마다 두려움에 떨며 걱정만 하다가 내가 원하는 선택과 결정을 하지 못해서 후회만 하는 시기는 이미 지났다. 나만의 방식으로 선택과 결정의 두려움에서 벗어나기 위한 노력과 연습을 꾸준히 해야 한다.

이순신 장군은 절체절명의 순간에 두려움을 용기로 바꿔 명량대첩에서 대승을 거뒀다. 두려움을 용기로 바꾸기 위한 노력을 하자. 그러면 어느 순간 선택과 결정 앞에서 당당한 나의 모습을 볼 수 있을 것이다.

결정하지 않으면 기회는 오지 않는다

허성태라는 배우가 있다. 이름만 들으면 누군지 모르는 사람들이 대부분일 것이다. 하지만 그가 출연한 영화와 배역을 보면 '아, 그 사람!'이라고 할 것이다. 〈광해〉, 〈밀정〉, 〈범죄도시〉, 〈신의 한수 : 귀수편〉, 최근 넷플릭스에서 공개되어 전 세계적으로 화제를 모은 〈오징어 게임〉 등 다수의 영화와 드라마에 조연으로 출연한 그는 원래 모두가 선망하는 연봉 7천만 원의 대기업 조선소 사무직이었다.

30대 중반 과장 진급을 앞둔 어느 날, 그는 늦은 나이에 배우가 되고 싶은 꿈을 이루기 위해 SBS 배우 오디션 프로그램 〈기적의 오디션〉에 지원했다. 그는 오디션에서 영화 〈올드보이〉의 한 장면을 연기해 심사위원들의 만장일치로 합격했다. 그리고 그 길로 회사에 사직서를 제출하고 배우의 삶을 시작했다.

이미 젊고 능력 있는 연기자들이 많은데 뒤늦게 시작해서 어떻게 살아남을 것이냐며 그를 말리는 사람도 많았다. 하지만 "항상 남 눈치 보며 현실과 돈에 매달려왔으니 지금은 그런 생각하지 마라. 나도 직장이 있으니 꿈을 따라가라! 카르페 디엠"이라는 말로 응원해준 아내의 지원 덕분에 그는 자신이 원하는 선택을 하게 되었다. 안정되고 편안한 삶을 포기하고 자신이 정한 행복의 기준에 따른 선택을 한 것이다.

그는 배우의 길로 전향하고 서울로 올라와 인지도를 쌓기 위해 60여 편의 단편영화에 출연하면서 힘든 무명의 시간을 보냈다. 이후 2016년 영화 〈밀정〉에서 일본 정보원 하일수 역을 시작으로 2017년 〈남한산성〉과 〈범죄도시〉 등 흥행에 성공한 영화들에 다수 출연하면서 전성기를 맞이했다. 남들이 보기에는 부럽기만 한 직장과 연봉을 포기하고 배우로서의 삶을 살 수 있었던 이유는 바로 '타인의 기준이 아닌 나의 기준'으로 선택했기 때문이다.

30대 중후반의 직장인인 나에게 허성태 배우처럼 해보고 싶었지만 못 했던 일을 할 수 있는 기회가 주어진다면 나는 과감하게 지금의 현실을 포기하고 도전할 수 있을까? 아마 '나'라면 주변 시선과 눈치를 봤을 것이다. 그리고 고민 좀 해보겠다는 핑계만 대다가 분명 좋은 기회를 놓쳐버릴 것이다. 지금까지 그렇게 살아왔고 항상 후회를 해왔다.

자기사명서 작성하기

비싼 아파트, 고급 외제차, 좋은 학벌과 집안 그리고 높은 연봉. 이 모든 것을 다 갖춘 사람은 부럽기 그지없다. 학창 시절에는 이런 것에 연연하지 않았다. '내가 열심히 살면 되지. 노력만 하면 나도 충분히 풍족하게 살 수 있어'라고 생각했는데, 사회에 나와 보니 넘을 수 없는 벽의 한계, 아무리 노력해도 도달할 수 없는 것이 있음을 깨달았다.

그래서 좌절도 했고 열심히 노력해서 뭐 하겠나 하는 생각에 포기한 적도 있다. 그러던 2011년 11월 어느 날, 신문기사를 통해 방송인 김제동 씨가 전남대에서 진행한 〈청춘콘서트 2.0〉에서 했던 말을 읽고 삶을 바라보는 태도에 변화가 생겼다.

"누구처럼 살려고 노력하기보다는 자신의 인생을 주체적으로 살아라. 남들의 시선을 받기 위해 어떤 행동을 할까 고민하기보다는 자신이 하고 싶은 대로 일단 움직여야 한다."

한참 군 전역을 준비하면서 전역지원서를 작성하고 사회에 나가서 무슨 일을 하면서 살아야 할까 고민하던 시기에 나에게 딱 맞는 인생의 조언이었다. 사람들은 겉보기에 번듯한 직장, 안정적인 가정 그리고 높은 수입이라는 기준에 도달하면 행복하고 성공한 삶이라고 생각한다. 반대로 남들이 부러워하는 직장에 다니지 못하거나 상대방과 비교했을 때 부족한 부분이 있으면 어떻게든 쫓아가 보려고 많은 시간과 노력, 열정을 투자한다.

하지만 아무리 노력해도 도달할 수 없는 것이 있음을 깨달았을 때, 또는 어느 순간 그 수준에 도달하고 나면 마음속 공허함을 느낀다. 그 삶 속에 '나'라는 사람이 없기 때문이다. 성공한 삶, 행복한 삶의 기준이 왜 나의 기준이 아니고 다른 사람의 기준이 되어야 하는 것일까? 나의 삶은 어느 누가 대신 살아주는 것이 아닌데, 왜 다른 사람들의 기준에 맞춰서 하루하루를 살아가야 하는가? 내 삶의 목적은 내가 아닌 다른 누군가에 의해 계속 흔들리고 있었다. 그래서 나는 앞으로 내 인생의 목적에 맞춰서 살기로 했다.

나는 삶의 목적을 명확히 세우기 위해, 그 목적에 맞는 선택과 결정을 하기 위해서 '자기사명서'를 작성했다. '사명서'라고 하면 거창하고 무거워 보이지만 절대 그렇지 않다. 사명서는 어떤 사람이 되기를 원하는지, 무엇을 하길 원하는지, 자신의 가치와 원칙에 초점을 두고 작성한 것을 말한다. 다시 말해 나의 꿈은 무엇이고 그 꿈을 위해서 어떤 노력을 하고 어떻게 살아갈 것인지 '삶의 목적'을 세우는 것이다. 또한 수많은 인생의 갈림길에서 나의 선택과 결정을 돕는 나침반과 같은 역할을 하는 것이 바로 '사명서'이다.

첫 번째, 자신의 인생철학과 신조를 상세히 기술한다. 나와 같은 생각을 가진 다른 사람들의 철학을 빌려와도 괜찮다.

두 번째, 인생철학에서 나만의 가치관을 '단어'로 뽑는다. 예를 들어 '끊임없는 학습을 통해 항상 성장한다'는 인생철학이 있다면 이것의 가치관은 '지혜(배움)'가 되는 것이다.

세 번째, 가치관에 대한 나만의 정의를 내린다. 내가 생각하는 관계는 무엇인지, 지혜는 무엇인지를 적어보는 것이다.

네 번째, 내가 정말 원하는 것을 토대로 인생의 사명을 작성한다. '나는 삶에서 직접 경험했던 사례와 지식을 바탕으로 선택과 결정을 어려워하는 사람들에게 용기를 주고 올바른 선택을 할 수 있도록 안내하고 싶다'와 같이 최대한 구체적으로 작성한다.

다섯 번째, 사명에 맞는 역할을 부여하고 그 역할에 따라 구체적인 행동 기준을 수립한다. '안내자로서 나는 정직하게 살기 위해 항상 노력하며 다른 사람들과 다양한 방법으로 소통한다'고 하면 사명서는 모두 완성된다.

사명서 작성이 끝나면 출력해서 잘 보이는 곳에 붙여놓고 수시로 읽어본다. 그리고 상황과 환경, 나의 경험에 따라 계속 수정하는 과정을 거쳐야 조금 더 의미 있는 '나만의 사명서'가 된다.

나의 사명서(예시)

1. 인생철학
누군가에게 현재와 미래에 도움이 되는 사람이 되고 싶다.

2. 핵심 단어
도움, 안내, 지원, 응원, 봉사

3. 가치관 정의
어렵거나 힘든 상황에 놓인 누군가에게 힘이 되어주는 것이다.

4. 사명 도출
나의 주변 사람들에게 도움이 되고 싶다.

5. 역할 부여
나는 동반자로서 힘든 시기를 겪고 있는 사람들과 함께하며 내가 갖고 있는 경험과 지식을 바탕으로 그들이 어두운 터널을 지나 밝은 빛을 볼 수 있게 도움을 주는 사람이 되고 싶다.

나는 선택과 결정의 순간마다 작성했던 사명서를 떠올린다. 그리고 사명서를 기준으로 지금 나의 상황을 바라본다. 나의 가치관에 맞는 선택인지 생각하고, 그것이 비록 다른 사람의 기준과 가치관에는 맞지 않더라도 아랑곳하지 않는다. 그것이 바로 나의 인생을 살아가는 방법이고 선택과 결정에서 주인이 되는 방법이다.

프로결정러로 살기 위해서는 세상 사람들이 바라는, 누군가가 기대하는 행동이 아닌 나의 인생 목적과 그 기준에 맞춰 살아야 한다. 그렇지 않다면 계속 선택과 결정 앞에서 도망 다니고 끌려 다니면서 타인의 기준에 맞춰 살아갈 수밖에 없다.

지금처럼 앞으로도 계속해서 그렇게 살고 싶은가? 그렇지 않다면 지금부터 나만의 사명서를 작성하여 매일같이 보고 또 보면서 기억하자. 그 내용이 비록 틀리고 부족할지라도 괜찮다. 선택과 결정이 나로부터 시작되면 나의 삶도 분명 나의 의지대로 움직인다. 내가 내 삶의 주도권을 쥐는 것이다.

프로결정러는 프로분석러

'깊이 생각하고 깊이 고찰한다'는 뜻의 심사숙고(深思熟考)는 선택과 결정에서 아주 중요한 단어다. 바로바로 결정해야 하는 것도 있지만 개인의 삶이나 회사, 더 나아가 사회에 큰 영향을 미치는 사안들은 대부분 심사숙고해서 결정을 내려야 한다.

예를 들어 인재를 채용할 때, 법령이나 제도를 수립하거나 도입할 때, 미래 진로를 결정할 때, 써보지 않은 물건을 구매할 때, 새로운 도전을 할 때는 섣부른 판단보다는 꼼꼼하게 따져보고 분석해야 원하는 결과를 얻을 수 있다.

인생을 살면서 많은 선택과 결정을 한다. 완벽한 선택이란 있을 수 없기에 후회가 남게 마련이다. 나는 지금까지도 후회하는 선택이 있을까? 나의 인생에서 가장 큰 후회, 타임머신을 타고 과거로 돌아갈 수 있다면 다른 선택을 할 것이라고 생각하는 일들 말이다.

다시 한 번 돌이켜보고 싶은 순간은 바로 오랜 군대 시절이다. 대학 시절 집안 형편이 넉넉하지 못했다. 용돈은 입학한 3월에 딱 한 번 받아보고 졸업할 때까지 아르바이트를 해서 생활비를 마련했다. 그때 나는 학군장교(ROTC)와 군장학생을 같이 지원해서 둘 다 합격했다. 둘 다 군 장교로 가는 것이었지만 군장학생은 학교를 다니는 동안 군에서 장학금을 받고 그 기간만큼 군 복무를 더 하는 제도이다. 학교에서 장학금을 받은 적도 있지만 정해진 성적 이상만 되면 졸업할 때까지 학비가 나와서 부모님의 부담을 덜어드릴 수 있었다.

물론 친구나 선배들이 많이 말렸다. '2년 반만 하고 나오면 되는데 굳이 왜 3년을 더 하냐는 것이었다. 학비는 아르바이트로 벌면 되지 않냐고 했지만 가장 확실하고 안정적인 방법으로 군장학생을 선택했다.

이때로 돌아가서 선택을 바꾸고 싶은 이유는 군장학생을 하지 않았다면 학군장교 의무 복무 기간만 끝내고 전역해서 학교 선생님이 되었을 거라고 생각하기 때문이다. 어쩌면 부모님도 원하셨고 나도 하고 싶었던 선생님으로 살고 있지 않을까 하는 생각이 든다.

하지만 그 당시의 나는 당장의 현실적인 문제만 생각했다. 군장학금을 받아서 가계에 보탬이 되고 싶다는 생각만 했지 이후에 어떤 일이 일어날지, 어떤 선택과 결정의 순간이 다가올지 더 멀리 바라보고 고민하지 못했다. 지금 와서 군 생활 전체를 후회하지는 않는다. 군 생활을 오래 하면서 배우고 얻은 것도 많다. 군장학생이라는 제도도 부정하지 않는다. 나처럼 어려운 처지에 있는 젊은 남자들에게 군 장교로 복무할 기회와 학비까지 지원해주니 좋은 제도라고 생각한다. 하지만 나는 당시로 돌아간다면 그 선택을 바꾸고 싶다.

철저하게 고민해야 할 5가지

선택과 결정을 어려워하는 사람은 꼼꼼하고 철저하게 고민하다 보니 시간이 오래 걸리는 것이 문제이다. 이 점을 다시 강조하는 이유가 있다. 나처럼 선택과 결정을 어려워하는 사람들은 불필요하고 안 해도 될 고민과 걱정으로 시간을 허비한다. 일어나지도 않은 일에 대한 불안으로 선택과 결정을 어려워하고 있다. 정작 고민해야 할 사항은 신경 쓰지 않고 다른 사람의 시선이나 평가, 벌어지지 않은 일에 대한 두려움으로 올바른 선택과 결정을 하지 못한다.

그렇다면 더 꼼꼼히 그리고 더 철저하게 고민해야 하는 것들은 무엇인지를 알아보자. 상황과 환경, 사안에 따라 적용되지 않는 부분도 있겠지만 다음 5가지 요소는 내가 중요한 선택과 결정을 할 때 항상 고려하고 분석하는 요소이다.

첫 번째, 기회. 나의 선택과 결정이 기회와 연결되는지를 생각해 본다. 선택지 중에서 무엇을 고를지 고민될 때는 어느 것을 선택했을 때 나에게 긍정적인 기회를 가져다줄지를 따져본다. 긍정적인 기회라고 하면 원하는 것을 얻거나 더 성장할 수 있는 자리에 올라가는 등 여러 가지가 있다.

두 번째, 비용. 이왕이면 비용이 적게 들수록 적다. 구두쇠처럼 무조건 아껴야 한다는 뜻이 아니라 합리적인 비용을 지출하는 것인지를 판단해야 한다. 예를 들어 옷을 살 때 비슷한 스타일이라면 백화점보다는 아웃렛이나 할인마트를 이용하는 것이 더 합리적인 소비다. 비용은 현재의 금전적인 상황에도 영향을 미치므로 다른 요소들보다는 조금 더 신경 써서 고려한다.

세 번째, 영향력. 2가지 중에 하나를 선택했을 때 나와 주변 사람들에게 긍정적인 영향을 주는지 부정적인 영향을 주는지 판단한다. 긍정적인 영향이라면 나의 선택으로 인해 나뿐만 아니라 주변 사람들에게까지 이득이 되고 긍정적인 감정이 전달되는 것을 의미한다. 반면 부정적인 영향은 나의 선택이 나와 주변 사람들에게 피해를 주는 것을 말한다. 당연히 주변 사람들에게 선한 영향을 주고 싶지만 나의 이익이 달려 있는 상황에서는 쉽게 선택하지 못한다. 주변 사람들까지 고려해야 하는 중차대한 상황에서는 특별히 더 고민하고 분석해보는 요소이다.

네 번째, 시기. 나의 선택이 지금 시기에 적합한지를 판단한다. 시기를 잘못 잡아서 상황이 어려워지는 경우도 있고, 시기를 잘 맞춰서 성공하는 경우도 있다. 특히 사업이나 이직을 준비하는 상황에서는 시기를 충분히 고려해야 한다. 코로나19와 같은 예측 불가능한 상황에서 여행업, 요식업 등 서비스를 제공하는 자영업자들이 줄줄이 폐업하는 이유, 폐업을 하지 못하고 힘들게 영업을 이어나가는 이유는 어쩌면 시기와 관련된 판단일지 모른다.

다섯 번째, 바로 '나'다. 자신이 원하는 선택과 결정을 하는지가 나머지 4가지 요소를 모두 아우르면서 가장 중요하고 기본이 되어야 할 요소이다. 기회, 비용, 영향력, 시기는 모두 나와 연계되어 있다.

눈앞에 놓인 선택의 상황이 나에게 기회인지 아닌지, 나의 비용이 합리적으로 지출되는지, 나와 주변 사람들에게 긍정적이든 부정적이든 얼마나 영향을 미칠지, 그리고 이것을 선택할 시기인지 잠시 유보해야 할 시기인지는 결국 내가 선택한다. 내가 원하는 것인지, 좋아하는 것인지, 나의 마음이 끌리는 선택인지를 꼼꼼하고 철저하게 판단해야 한다.

내가 원하는 선택이라면 뒤돌아보지도 말고 앞만 보면서 원하는 결과가 나올 수 있도록 실행에 옮겨야 한다. '돌다리도 두드려보고

건너라'는 말이 있듯이 신중해서 나쁠 것 없다. 오히려 원하는 선택과 결정을 하는 데 긍정적으로 작용할 것이며 타임머신을 타고 과거로 돌아가서 선택을 바꾸고 싶을 정도로 후회하지 않을 것이다.

망설임 없이 실천하는 5초의 마법

새벽 5시! 알람이 울린다. 미라클 모닝을 실천해보겠다는 나 자신과의 약속을 지키기 위해 정해둔 기상 시간이다. 하지만 나의 몸은 반사적으로 알람을 꺼버린다. 10분 뒤 알람은 다시 한 번 울린다. '10분이 이렇게 금방이었던가? 이건 잘못 울린 알람일 거야' 하고 알람을 또 꺼버린다. 그렇게 또 10분, 10분, 10분……. 나는 계속해서 알람을 끄고 자기를 반복한다. 결국 출근 준비를 해야 하는 시간이 되어서야 일어나 대충 씻고 옷을 차려입고 집을 나선다. 지하철을 타고 가면서 생각한다.

'안 되겠어! 알람을 5분 단위로 설정해야겠어!'

5시부터 5분 단위로 알람이 울리도록 설정해봤지만 나의 몸은 또다시 동물적인 감각을 발휘하여 모든 알람을 계속해서 꺼버린

다. 나도 자면서 '괜찮아. 다음 알람에 일어나면 되지'라고 생각한
다. 이번에도 간신히 일어나 바쁘게 준비하고 출근한다. 미라클 모
닝은 나에게 일어나지 않는다. 출근길 지하철 안에서 '아…… 나는
진짜 의지박약이구나'라고 수십 번 자책한다.

'어떻게 하면 일어날 수 있지? 분명 잠결에 잠깐 정신이 들었는
데 왜 또 알람을 끄고 잠을 자버렸지?'

어떻게든 일찍 일어나서 산책도 하고 책도 보고 글도 써보겠다는
일념으로 알람 시간을 더 촘촘하게 설정했지만 매번 실패했다.

'나는 미라클 모닝과는 거리가 멀구나'라고 자포자기할 때쯤 우
연히 한 어학 강의 광고를 봤다. 광고의 주된 내용은 목표를 정하
고 그것을 실천하기 위해서는 딱 5초만 생각해보라는 것이었다. 마
음속으로 5, 4, 3, 2, 1 역으로 카운트를 하고 바로 행동을 하라는
내용이었다. 이것이 바로 5초의 법칙이다.

동기부여 전문가이자 라이프 코치인 멜 로빈스(Mel Robbins)가 처
음으로 5초의 법칙을 정립했다. "삶을 변화시키기 위해 지금 해야
할 것은 일상에서, 용기 있게, 스스로를 행동으로 밀어붙이는 것이
다." 나에게도 분명 일어날 수 있는 찰나의 순간이 있었다. 그 순간
이 바로 5초이다. 일어나야 하는데, 하면서 다시 알람을 끄는 그 순
간에 나는 고민 없이 바로 일어나야 한다. 그러면 자책하지도 않고
원하는 것들을 하고 여유 있게 출근 준비를 하면서 미라클 모닝을

맞이할 수 있다.

절반의 성공이라도, 언제나 마음은 미라클 모닝

나와 같은 경험을 한 번쯤은 해봤을 것이다. 새해를 맞이하는 1월에 '영어 공부를 할 거야', '운동을 할 거야', '금연을 할 거야'와 같은 큰 결심을 하고 하루 이틀은 별 문제없이 잘 실천한다. 하지만 3일이 지나고 중간중간 변수와 핑곗거리가 생기면서 나와의 약속은 서서히 행동과 멀어진다.

그러나 우리나라에는 구정이 있다. 1월 1일 세운 목표가 실패했을 때 다시 새로운 마음으로 실천할 수 있는 기회가 바로 구정이다. '이번에는 무슨 일이 있어도 꼭 하겠어'라고 강력하게 다짐하지만 어김없이 삼일천하로 끝나버린다. 익숙한 패턴이다. '모든 사람들이 다 이렇게 살아'라고 생각하면서 스스로 위안을 삼는다.

하지만 멜 로빈스처럼 실천력이 강한 사람들은 본인이 계획하고 실천해야 할 것들을 실행하고 크게 성공한다. 분명 그들은 나와 다른 무언가가 있는 것이 틀림없다.

선택과 결정을 어려워하는 사람들은 힘들게 하나를 정하고도 실천과 행동하는 것에 대한 두려움이 있다. 이미 결정을 한 사안도 '이게 맞는 것일까? 이렇게 해도 괜찮을까?' 하고 의구심을 가진다.

확신이 부족하다 보니 실천하기도 전에 걱정부터 앞선다. 그러면 당연히 아무것도 못 하게 되고 결국 자책하고 원망하고 후회하는 악순환에 빠진다. 아무리 심사숙고해서 결정했다 하더라도 실천하지 않으면 아무 일도 일어나지 않는다. 실천을 해야 성공도 맛보고 실패의 쓰라림도 경험한다. 아무것도 하지 않으면 계속 그 자리에 머물기만 할 뿐 변화하는 것은 전혀 없다.

행동과 실천은 나의 변화를 이끄는 가장 중요한 방법이다. 나는 5초의 법칙을 실천해보기로 했다. 알람을 딱 두 번만 설정했다. 그리고 첫 번째 알람을 듣는 순간 일단 일어났다. '알람을 꺼야지'라고 손이 핸드폰으로 가는 그 순간의 나 자신을 믿지 못해 일부러 핸드폰을 거실에 두고 벨 소리도 최대치로 설정했다.

일어나서 알람을 끄고 바로 화장실로 가서 따뜻한 물로 샤워를 하고 나와서 산책이나 독서를 했다. 역시 처음에는 잘 실천했다. 그런데 어느 순간 나는 거실에 나와서 알람을 끄고 소파에 누워서 잠들었다. 다시 원래 루틴으로 돌아온 것이다. 이전에는 알람을 여섯 번 정도 맞췄는데 두 번만 설정했다는 것을 잊어버리고 다시 잠들어 지각할 뻔한 적도 있다.

그러나 이번만큼은 자책하거나 포기하지 않았다. 그저 습관을 바꾸는 것이 이렇게 어려운데 어떻게 하면 나의 습관을 바꿀 수 있을까 고민했다. 한 달의 절반은 미라클 모닝에 실패했지만 작심삼

일도 계속하면 습관이 된다고 생각했다.

나는 한두 번 실패하면 하루 쉬고 4일차에 다시 도전했다. 그리고 또 실패하면 하루의 여유를 두고 또다시 실천했다. 이렇게 한 달이 지났을 때쯤 나에게 습관이 생겼다. 꾸준히 실패하고 다시 도전하는 과정을 반복하다 보니 어느 순간 자연스럽게 나의 루틴이 바뀐 것이다.

불교에서 '찰나'는 시간의 최소 단위를 말한다. 1찰나는 75분의 1초, 약 0.013초에 해당한다. 0.5초보다 짧고 사람이 인식할 수 없는 시간이지만 그 찰나의 순간에 어떤 행동을 하느냐에 따라 새로운 습관이 형성되고 더 나아가 인생이 완전히 바뀌기도 한다.

선택과 결정을 했다면 그다음 단계는 실천과 행동이다. 당연한 말이지만 선택과 결정을 어려워하는 사람들은 걱정과 고민의 늪에 빠져 제대로 실천하지 못한다. 하지만 일단 해봐야 얻을 것과 버릴 것이 무엇인지 알게 된다. 이제 고민은 그만하자. 충분히 고민했다.

할까 말까 고민될 때는 하라고 했다. 고민의 순간은 딱 5초만 주자. 그 이상은 불필요한 시간이고 새로운 출발과 도전을 가로막는 시간이다. 5초만 생각하고 바로 행동에 옮겨보고 실패하면 다시 도전한다. 이것을 반복하고 또 반복하면 나도 모르게 습관이 바뀌어 있을 것이다. 나는 오늘 아침에도 미라클 모닝에 성공했다. 당신도 충분히 실천하면 성공할 수 있다.

때로는 포기도 현명한 결정이다

군대에 있는 동안 가장 듣기 싫은 말이 '안 되면 되게 하라'는 것이었다. 물론 군의 특수성상 포기하면 안 되는 상황들이 대부분이다. 하지만 그 당시에 '왜 안 되는 것을 무조건 해야 하는 거지? 포기할 수도 있는 것 아닐까?'라는 생각이 지배적이었다. 그 말이 개인적으로는 참 싫었지만 나 역시 각종 훈련을 나가면 부대원들에게 '안 되면 되게 하라'는 말을 습관적으로 했다. 역시 정신교육은 무서운 것 같다.

회사 생활을 하면서도 '안 되면 되게 하라'는 마인드를 버리지 못했다. 수단과 방법을 가리지 않고 목적을 달성하고 원하는 결과를 얻어야 하는 것은 군대이든 회사이든 별반 다르지 않다. 그나마 사회는 안 되면 되게 하기 위한 다양한 방법과 기회들이 있지만 안 되는 것을 포기하는 것에 대한 인식은 훨씬 더 부정적이었다.

본사에서 근무하던 시절, 매년 한 번씩 진행되는 직책자 리더십 평가를 진행한 적이 있다. 선배와 함께 온라인 설문지를 만들고 어떻게 하면 더 효과적이고 효율적으로 리더십 설문을 전달하고 답을 얻을 수 있을지 고민했다. 내가 본사에 와서 처음 서브로 맡은 중요한 일이었고, 나에 대한 평가도 달려 있어서 열심히 해야 했다. 각 유형별로 설문을 구분하고 다양한 대상자들에게 적합한 설문 URL을 보냈다. 그리고 매일 단위로 설문 진행 상황을 파악하고 보고했다.

이때까지는 모든 일이 순조롭게 진행됐다. 설문 기한이 모두 끝나고 결과를 분석할 시점이 왔다. 당시 팀장님은 나에게 설문 결과 분석에 대한 기본적인 구성 항목을 설명해주셨고 나는 엑셀로 결과물을 만들어야 했다. 문제는 여기서부터 시작됐다.

엑셀이 서툴렀던 나는 다양한 함수를 이용하여 데이터를 정리하고 있었다. 처음에는 별문제 없었다. 그런데 직책자 중 동명이인을 구분하지 못했고 잘못된 것을 발견하고도 표시나 기록을 하지 않았다. 심지어 동명이인의 소속 조직도 잘못 설정했고, 직원대장에서 사원번호를 기준으로 데이터를 정렬했어야 했는데 일부 조직은 포함하지도 못했다. 나는 엉망진창인 1차 결괏값을 고쳐서 팀장님께 보고했는데 역시나 단번에 오류를 발견하셨다. 팀장님은 일단

보고 기한이 남아 있으니 다시 수정하라고 했다.

수정 작업을 하려고 하는데 당황해서인지 조급함 때문인지 이때부터 숫자가 헷갈리고 기록을 남겨놓지 않아 어디서부터 꼬였는지 일일이 찾아야 했다. 다시 처음부터 시작하는 기분이었다. 나한테 처음 부여된 일이고 어떻게든 포기하지 않고 내 힘으로 완수하고 싶어서 엑셀이나 데이터 정리를 잘하는 선배에게 물어보지도 않았다. 그저 혼자 힘으로 해보고 싶었다. 여기서 선배에게 도움을 요청하는 것은 자존심이 허락하지 않았다. 그렇게 매일같이 이른 아침이나 늦은 밤까지 데이터를 보고 또 봤지만 제자리에 맴도는 느낌이었다.

그때 팀장님이 다시 자료를 찾았다. 퇴근 전에 메일로 보고하려고 하는데 어디까지 됐냐는 말에 아직 확인 중이라고 말씀드렸다. 그러자 팀장님은 크게 화를 내셨다.

"도대체 언제까지 기다려야 되니?"

일이 터지고야 말았다. 이번에도 내 자리에 앉아서 직접 엑셀을 해보더니 본인이 처음부터 다 만질 수 없다며 엑셀 잘하는 선배를 호출했다.

"김 매니저, 와서 이것 좀 봐."

정말 듣기 싫은 말, 들으면 안 되는 말을 결국 듣고야 말았다. 그날 선배는 일찍 끝나고 고향에 가기로 했다. 그런데 나 때문에 일정을 바꿔야 할 상황까지 온 것이다. 옆에 있던 나는 아무 말도 할 수 없었다. 가만히 선배가 작업하는 것을 멍하니 지켜볼 뿐이었다.

포기했다고 실패한 것은 아니다

다행히 선배는 버스 시간 전에 엑셀 파일을 다 정리했다. 선배에게 미안한 마음에 어떻게 해야 할지 망설이고 있는데 선배는 괜찮다며 급하게 버스를 타러 터미널로 출발했다. '미리 의견을 물어봤더라면……', '일찌감치 포기하고 선배에게 도움을 요청했더라면……'이라는 생각이 머릿속을 가득 채웠다. 혼자 해보겠다는 욕심을 버리고 선배에게 빨리 조언을 구했다면 팀장님께 혼나지도 않고 선배에게 미안한 일도 없고, 나도 늦은 시간과 새벽까지 고생하지 않았을 것이다. 결국 나의 선택이 잘못됐던 것이다.

포기한다는 것은 누군가와의 싸움에서 패배자, 실패자가 되는 것 같았다. 나도 잘해보고 싶고 다른 사람에게 인정받고 싶어서 포기하지 않고 노력했지만 결과는 그렇지 못했다. 차라리 빨리 포기하고 다른 사람에게 도움을 요청했으면 서로 편했을 일인데 나에 대한 평가와 연결된다고 생각하니 쉽게 포기하기가 어려웠다.

이 일로 나는 한 가지를 깨달았다. 혼자 고민하고 혼자 결정해서 진행한다고 해도 생각지 못한 변수로 일이 틀어지는 경우가 발생

한다. 다른 사람의 도움이 필요할 때가 생긴다. 이럴 때는 스스로 용납하지 못하더라도 빨리 포기하고 도움을 요청하는 것이 결과는 더 긍정적이고 서로 윈-윈(WIN-WIN)할 수 있다.

포기를 하더라도 마음이 덜 불편하고 오히려 성공적인 결과를 얻을 수 있는 방법이 있다.

첫 번째는 인정하는 것이다. 포기하지 못하는 것은 포기한 자신을 인정하지 못하기 때문이다. '주변 사람들이 포기한 나를 어떻게 생각할까? 이렇게 쉽게 포기하면 나한테 일을 맡기지 않겠지?' 주변 사람들이 어떻게 평가할지에 대한 불안과 걱정 때문에 포기하지 못한다. 하지만 내가 부족한 부분이나 모르는 부분에 대해 솔직히 인정하고 나면 마음이 한결 가벼워지고 상대방에게 도움을 구하기도 더 쉽다.

두 번째는 파악하는 것이다. 내가 무엇 때문에 포기했는지 알아야 한다. 포기는 내가 갖고 있지 않거나 생각하지 못한 것, 내가 할 수 없는 것을 깔끔하게 인정하는 것에서 시작한다. 할 수 있는 데까지 해보고 안 되었을 때는 부족한 부분이 무엇인지 파악해야 문제를 해결해나갈 수 있다.

세 번째는 내려놓는 것이다. 결과물을 예측할 수 없는 선택과 결정도 많다. 어떤 결과가 나타날지 가늠할 수 없기 때문에 포기해야 할 상황에서는 열심히 하려는 마음, 인정받고 성공하고 싶다는 마음을 내려놓아야 한다. 그러면 조금 더 편안한 마음으로 포기할 수 있다.

선택과 결정을 어려워하는 사람들에게 포기는 새로운 선택과 결정의 상황에서 마음 편하게 하나를 정하는 데 도움이 된다. 불확실한 미래, 예측할 수 없는 결과, 인정받고 성공하고 싶다는 불안과 부담감에서 벗어나려면 포기할 줄 알아야 한다. 어느 누구도 당신이 포기했다고 비난하지 않는다. 적어도 자신을 비난할 필요가 없다. 왜냐하면 나의 부족한 부분을 인정했고 그것을 정확하게 보완하고 개선하기 위해 나의 약점을 파악하는 과정을 거쳤기 때문이다. 한마디로 최선을 다한 뒤에 나타나는 결과는 받아들여야 한다.

선택과 결정이 어렵다면, 목적을 달성하기 위해 노력했지만 힘에 부친다면 마음 편하게 포기해라. 새로운 기회는 언제든지 다시 찾아온다. 당신은 그럴 자격이 충분히 있는 사람이다.

선택과 결정은
실행으로 완성된다

일단은 '쌈! 마이웨이'

한때 MBTI 성격유형검사가 전국적으로 굉장한 인기였다. SNS를 통해 본인의 성격 유형을 공개하고 같은 성향의 사람, 반대 성향의 사람을 비교하는 것부터 직업, 연애관 등 다양한 분야에서 이용되었다. 특히 MZ세대와 그 이후의 세대들은 코로나19 상황 속 비대면 만남이 생활화되면서 자신의 존재감을 주변 사람들에게 알리는 데 MBTI를 활용했다.

MBTI는 캐서린 마이어스와 브릭스 마이어스가 스위스의 정신분석학자 칼 융(Carl Jung)의 심리유형론을 토대로 고안한 성격유형검사 도구이다. '외향-내향(E-I), 감각-직관(S-N), 사고-감정(T-F), 판단-인식(J-P)' 등 4가지 분류 문항을 바탕으로 16가지 심리 유형으로 나눈다. INFJ, ENTP 등으로 성격과 성향, 자아의 특성을 파악할 수 있다.

MBTI를 맹신하는 한 회사의 대표는 TF팀을 구성하거나 인력을 배치할 때 꼭 활용한다고 한다. 대부분의 팀들이 비슷한 성격 유형끼리 모여 있고 그중에서 성격이 다른 사람은 유독 더 눈에 띈다는 것이다. 그는 MBTI 결과를 전적으로 믿을 수는 없지만 결과적으로 비슷한 성격 유형의 사람들은 업무와 관계에 있어서 시너지를 낸다고 한다.

나는 전형적인 INFJ 유형이다. INFJ는 '선의의 옹호자', '정신적 지도자'라고 불린다. 이 유형의 사람은 전 세계에 흔치 않은 1%에 해당한다. 자기 안의 갈등이 많고 복잡하고 눈치가 빠르며 타인의 감정을 잘 읽고 현실의 유행에 관심이 없다. 하지만 이들은 내적 갈등이 심하고 스스로에 대한 칭찬을 하지 않고 이상향을 좇으며 완벽을 추구하고 분쟁을 싫어하고 사람 간의 정에 약하다. 80% 이상 나의 성격을 잘 반영하는 것 같다.

나와 반대되는 성향은 ESTJ, ESTP 유형이다. 두 유형은 진취적이고 자신의 의사 표현을 잘하고 뭔가를 결정할 때도 주변 사람의 눈치를 보지 않고 끝까지 자신의 방식대로 밀고 나간다. 사실 선택과 결정에 있어 ESTJ, ESTP 유형이 부러웠다. 나는 주변의 시선과 관심에 영향을 많이 받는다. 나보다는 타인의 의견을 먼저 생각하고 좋은 게 좋은 거라며 정해진 틀과 화합을 깨는 것을 싫어한다. 그러다 보니 나의 선택과 기준에서 나는 없거나 나를 숨기고 보여주지 않으려고 한다. 다 괜찮은 것처럼 말이다.

나와 같은 성격 유형이 안 좋은 것도, 나와 반대되는 성향이 다 좋은 것도 아니다. 자신의 고유한 성격은 유지하면서 다른 사람의 좋은 부분은 배우고 나의 부족한 부분은 보완할 필요가 있다.

'못 먹어도 고!' 결정하기 전에 행동한다

대학 시절 같은 과에 친한 남자친구가 있었다. 그는 나와 정반대의 성격을 가지고 있었다. 전형적인 대구 남자로 와일드하고 감정과 의사 표현이 확실한 친구였다. 주변 사람들은 우리 둘을 보면 항상 얘기했다.

"너희 둘은 전혀 다른데 어떻게 친해졌냐?"

사실 나도 좀 의아했다. '이 친구랑 어떻게 친해졌지?'라고 곰곰이 생각해보면 특별한 계기가 있었던 것은 아니다. 어느 순간 자연스럽게 친해졌다. 어쩌면 정반대의 성향에 서로 끌렸을지도 모른다. 어떤 상황에서도 당당한 모습을 보이는 친구가 부러웠다.

첫째, 그 친구는 모두에게 사랑받으려 애쓰지 않았다. 내 기억으로 그 친구는 혼자 다녔다. 정확히 말하면 어느 무리에도 속하지 않았고 상황과 기분에 따라 두루두루 잘 지냈다. 어떤 무리에서 뭐라고 하든 신경 쓰지 않고 주변 사람들의 시선을 의식하기보다는 자신의 마음이 가는 대로 행동했다.

베스트셀러 작가의 책 한 권도, 유명한 화가의 예술 작품도 모든 사람에게 감동을 주는 것은 아니다. 취향 저격이라는 말처럼 각자의 취향과 성향에 맞으면 좋은 것이고, 자신과 맞지 않으면 부정하거나 비판할 수 있다. 유명 작가나 화가도 자신만의 철학과 신념을 가지고 표현하는 것일 뿐 모든 사람에게 인정받기 위해 아등바등하지 않는다. 모두에게 사랑받으려고 노력하지 마라. 현실적으로 불가능한 일이다. 나의 생각과 기준을 갖고 '나'를 만족시켰다면 그 이상 좋은 것은 없다.

둘째, 그 친구는 두려움을 용기로 극복했다. 그는 군대를 전역하고 얼마 뒤 복학하지 않고 인도로 배낭여행을 갔다. 자기만의 시간과 새로운 경험을 쌓기 위해 한 번도 가보지 않은 곳으로 여행을 떠난 것이다. 나라면 그런 결정을 할 수 있었을까.

나는 여행뿐만 아니라 새로운 시작과 도전을 하는 것, 주변 사람들의 시선에서 벗어나는 것, '쌈! 마이웨이'로 가는 것을 두려워한다. 두려움을 이겨내지 못한다면 더 이상의 변화를 기대할 수 없다. 두려움을 느끼는 것 자체는 문제되지 않는다. 하지만 두려움 때문에 나아가지 못하고 물러선다면 아무것도 할 수 없다. 나의 선택과 결정에 따라 당당하게 앞으로 나아가는 것은 용기 없이 불가능하다.

셋째, 그 친구는 너무 깊이 오래 생각하지 않았다. 친구는 뭐든지 일사천리였다. 문제가 생겼을 때, 선택과 결정을 할 때 나처럼 심각하게 고민하거나 오랜 시간을 허비하지 않았다. "술 한번 먹자"라고 하면 그날 바로 먹어야 했다. 그 자리에서 본인의 생각과 의견을 이야기하고 결정을 내린 다음 곧바로 행동했다.

하지만 나는 정반대였다. 생각과 고민은 하면 할수록 눈덩이처럼 커진다. 걱정의 꼬리는 시간이 지날수록 더 길게 늘어진다. 그러면 불필요한 생각에 사로잡혀 올바른 선택과 결정을 할 시간을 가질 수 없다. 선택과 결정의 상황이 온다면 최대 하루를 넘기지 말자. 하루를 넘기는 순간, 나뿐만 아니라 주변 사람들의 말과 생각이 나를 잠식할 것이다. 다른 시선을 의식하지 말고 오직 나를 믿고 나의 가슴속 이야기에 집중하여 빠른 결정을 내리자.

2017년 KBS에서 방영한 드라마 〈쌈, 마이웨이〉는 자신의 신념과 능력을 믿고 주변에서 아무리 부족하다고, 능력이 없다고 평가해도 꿋꿋하게 자기 길을 가는 청춘들의 이야기다. 주인공 동만이는 이런 말을 한다.

"인생이 뭐 꼭 대책이 있어야 하나? 모르고 가는 맛도 있는 거지. 대비해봐야 뭐 다 뜻대로 돼? 어차피 랜덤이면 냅다 고(go)! 해보는 거지."

아무리 준비하고 대비한다고 해도 내가 생각하는 대로 되지 않는 것이 인생이다. 그런데 우리는 조금이라도 덜 손해 보기 위해, 또는 다른 사람들에게 덜 피해를 주기 위해 고민하고 배려하며 참다가 스스로 지쳐버린다. 나와 같이 결정을 두려워하는 사람들에게는 너무나 고통스러운 시간들이다.

'모두에게 사랑받으려 애쓰지 말고, 두려움을 용기로 극복하고, 너무 깊게 오래 생각하지 마라.'

나와 다른 성격의 친구를 보면서 깨달은 것이다. 이 3가지는 분명 결정을 망설이게 하는 요소이다. 이제 이런 마인드에서 벗어나야 한다. 나의 선택과 결정이 모든 사람들에게 만족을 줄 필요 없다. 고민하고 걱정하는 시간이 길다고 올바른 선택과 결정을 하는 것도 아니다. 그리고 선택과 결정 앞에서는 두려움이 아닌 용기가 필요하다. 이제는 우리도 당당히 '고(go)!' 해보자.

1880년대 72일간의 세계 일주를 하고 여행기를 쓴 여기자이자 넬리 블라이(Nellie Bly)라는 필명으로 유명한 엘리자베스 코크레인(Elizabeth Cochran)은 "진심으로 원한다면 당신도 할 수 있어요. 문제는 당신이 그걸 원하느냐 하는 것입니다"라고 말했다. 복잡하고 어려운 결정의 늪에서 벗어나기를 정말 간절히 원한다면 지금부터 우리가 해야 할 것은 '쌈 마이웨이!' 마인드라는 것을 명심하자.

온전히 나만을 생각하는 시간

'하루 중에 온전히 나를 위한 시간은 얼마나 될까?' 직장인, 학생, 아들, 아버지, 남편으로서의 내가 아닌 '나'라는 사람을 생각하고 내가 하고 싶은 것을 하고 내가 먹고 싶은 것을 먹는 시간 말이다.

돌이켜보면 나 또한 나를 위한 시간이 거의 없었다. 아침에 출근을 위해 헐레벌떡 일어나서 옷을 갈아입고 집 앞에서 마을버스를 탄다. 잠이 덜 깬 상태에서 머릿속은 멍하다. 목적지에 도착하면 버스에서 내려 지하철을 타러 간다. 잠을 깨려고 음악을 듣지만 잔잔한 멜로디가 오히려 잠을 부른다. 지하철을 타고 1시간이 넘는 거리를 가만히 앉아서 간다. 책을 꺼내지만 몇 장 읽지 못하고 존다. 인터넷 검색을 하고 유튜브를 보기도 하지만 잠을 이기지는 못한다. 가끔은 졸다가 2~3정거장을 지나쳐서 내릴 때도 있다.

멍한 상태로 지하철에서 내려 10분 정도 걸어가면 회사에 도착한다. 그때부터는 오늘 무슨 일을 해야 하는지, 어제 못한 일이나 오늘 챙겨야 할 일을 생각하기 위해 멍한 머리를 이리저리 굴려본다. 회사에 도착해서 사원증을 찍고 자리에 앉으면 그때부터 회사원인 나를 만난다. 물론 근무 시간 동안 100% 회사 일만 생각하지는 않지만 맡은 일에 최선을 다하려고 나름 노력한다.

퇴근 시간이 되면 책상 정리를 깔끔하게 하고 회사를 나선다. 동료 직원과 퇴근길이 같으면 회사 얘기, 취미 얘기를 나누고, 혼자라면 출근길처럼 책이나 SNS, 유튜브 영상을 본다. 집에 도착하면 남편인 나를 만난다. 아내와 저녁을 먹고 이런저런 주제로 이야기를 하거나 TV를 보다 보면 어느새 잠잘 시간이다. 나의 하루는 매일 똑같이 흘러간다.

하루 중 중간중간 이벤트가 있으면 그 속에서 나의 역할과 위치에 맞게 생각하고 행동하지만 온전히 나를 위한 시간을 가져본 적은 없다. 핑계일 수 있겠지만 그럴 여유도 없고 노력도 하지 않았다. 모든 직장인들이 나처럼 하루하루 다람쥐 쳇바퀴 돌듯이 살 것이라고 스스로 위안을 삼으면서 주어진 역할에 맞춰 사는 것을 당연하게 여긴다.

나를 위한 시간이 없다 보니 내가 잘하는 것, 좋아하는 것, 하고 싶은 것, 행복하고 즐거워하는 것이 무엇인지 점점 잊어버린다. 나보다 나은 삶을 사는 것처럼 보이는 사람들, SNS에 명품을 자랑하고 좋은 차와 집에서 사는 사람들을 부러워하면서 실현할 수 없는 벽에 좌절하고 자책했다. 반복되는 일상 속에서 나는 점점 무기력해져 갔고 의욕을 잃고 현실에 안주하게 됐다.

단 몇 분이라도 싱크 타임 갖기

나만의 시간을 갖는 것이 왜 선택과 결정에 필요한 일일까? 나만의 시간은 나에게 주어진 역할이 아닌, 오로지 '나'라는 사람을 위해 사용하는 것이다. '내가 좋아하고 원하는 것'과 같은 일차원적인 생각뿐만 아니라 나의 미래, 결정해야 할 문제에 대한 답을 찾기도 한다. '나'라는 사람을 정확하게 알기 위한 시간이며 '나'의 성장과 발전을 위해서는 반드시 가져야 할 시간이다.

똑같은 하루를 아무 의미 없이 살던 나에게 나를 위한 시간이 필요하다고 느꼈던 적이 있다. 회사 생활을 하면서 한창 야근과 새벽 출근을 밥 먹듯이 하던 추운 겨울이었다. 하루가 멀다 하고 새벽에 출근해서 밤늦은 시간까지 머리 싸매고 고민하고 있을 때 '이러다 곧 내가 쓰러지겠다'는 생각이 들었다. 식욕도 떨어지고 잠도 잘 이루지 못했다. 사람들과 어울려 얘기하는 것도 싫었고, 밖에 나가는 것 자체가 피곤하고 혼자 있고만 싶었다. 그런 나를 지켜보던 아내가 '다도(茶道)'를 배워보자고 제안했다.

중학교 가정 수업 때 딱 한 번 체험해본 이후로는 다도에 관심도 흥미도 없었다. 나는 가기 싫다고 했지만 아내는 이미 비용까지 지불했으니 꼭 가야 한다고 했다. 결국 아내의 성화에 못 이겨 퇴근 후에 다도 수업을 받으러 갔다. 가게는 조용하고 차 향기가 가득한 곳이었다. 조명도 적당히 어둡고 주변에는 잔잔한 음악 소리 외에 어떠한 시끄러운 잡음도 없었다.

차와 다기(茶器)에 대한 간단한 설명을 듣고 물을 천천히 따르다 보니 '물 따르는 소리가 이렇게 좋았던가?'라는 생각이 들었다. 따뜻한 물에 우러난 차 향기를 맡아보니 익숙한 것 같지만 한 번도 맡아본 적이 없는 좋은 향기가 머리를 맑게 해주는 것 같았다. 내 앞에 있는 찻잔에 차를 따라 한 모금 마셨다. 따뜻한 기운이 몸속 혈관을 따라 얼어붙은 나의 손끝과 발끝까지 따뜻하게 전달되는 것 같았다. 한 잔을 마시고 나자 선생님이 물었다.

"지금 기분이 어떠세요?"

"얼어 있던 몸과 마음이 따뜻해지면서 편안해지는 것 같아요."

일을 잘해야 한다는 압박감, 주변 사람들의 평가와 시선에 대한 두려움, 말하기 어려워 마음속으로만 삭였던 고민들이 따뜻한 차 한 잔에 사르르 녹는 것 같았다. 그때 깨달았다.

'아, 이런 시간이 나에게 필요했구나.'

다도를 체험하는 동안 어떠한 대화나 이야기도 없었다. 온전히 차를 마시는 나만 있는 것 같았다.

주위 사람들의 간섭이나 방해, 시선 없이 오직 나에게만 집중할 수 있는 시간이 필요했다. 이 시간을 자주 가지면서 진정한 '나'를 알게 되었고 '자기 확신'에도 도움이 되었다. 지금도 '자기 확신'이 필요한 순간 나만의 시간을 갖는다.

'싱크 타임(Think Time)'은 시간제한이 없다. 5분, 10분, 1시간, 2시간……, 몇 분, 몇 시간이든 상관없다. 하루 24시간 중에서 나에게 집중할 수 있는 단 몇 분의 시간이라도 있으면 된다. 혼자 조용히 산책을 해도 좋고 침대에 누워 좋아하는 노래를 들어도 되고 혼자 산을 오르거나 바다를 바라봐도 된다. 온전히 나를 위한 시간이라면 무엇을 하든 상관없다.

나는 나만의 시간이 필요할 때 산책을 하거나 음악을 듣거나 따뜻한 차를 마신다. 최근에는 아침, 저녁 샤워를 할 때도 나만의 시간을 갖는다. 아침에는 따뜻한 물을 맞으면서 잠도 깨고 오늘 할 일과 어제 결정을 내리지 못했던 일들에 대해 생각한다. 저녁에는 오늘 있었던 일을 돌이켜보면서 잘한 일과 못 한 일, 부족한 부분이 있다면 어떻게 고쳐야 할지를 생각한다.

'싱크 타임'은 멍 때리기와 다르다. 멍 때리기는 아무 생각도 하지 않고 가만히 있거나 어떤 자극에도 반응하지 않는 상태이다. 반면 싱크 타임은 주변 상황과 반응을 차단하고 온전히 나만 생각하고 나에게만 집중하는 것이다. 이런 시간이 많아질수록 나의 감정 상태를 파악하고 자신을 이해하게 되면서 올바른 선택과 결정을 하는 데 큰 도움이 된다. 선택과 결정은 나로부터 시작된다. 그러므로 나를 잘 아는 사람일수록 내가 원하는 선택과 결정을 할 수 있다.

지금 똑같은 하루에 지쳐 있고 자신을 찾아볼 계기가 필요하다면 하루에 단 몇 분이라도 나만의 '싱크 타임'을 갖자. 내가 좋아하고 잘하는 방법으로 내가 좋아하는 장소에서 생각하는 시간을 가지면 그 효과는 더 커질 것이다.

결정에 결정을 더하는 규칙 만들기

사도세자의 아들로 영조의 뒤를 이어 왕에 오른 정조의 어록이 담긴 《정조 이산 어록》에 다음과 같은 말이 있다.

"일은 크거나 작거나 간에 신중하게 하여 함부로 해서는 안 된다. 작은 일을 함부로 하게 되면 큰일도 함부로 하게 된다. 큰일을 함부로 하지 않는 것은 작은 일을 함부로 하지 않는 것에서 시작된다(事大小. 愼不可放倒. 小事放倒. 則大事便放倒. 大事不放倒. 自做小事不放倒始)."

사소하고 작은 일이 모여 중요하고 큰일이 되기 때문에 작은 것이라도 하찮게 여기거나 무시해서는 안 된다는 뜻이다. 큰 목표를 세우고 달성하기 위해서는 그 일과 관련된 작은 것 하나라도 소홀히 여기지 않고 잘 챙겨야 한다. 선택과 결정을 잘하기 위해서도 처음부터 무리할 필요가 없다. 내가 할 수 있는 작은 것부터 하나씩 실천하려는 마음가짐만 있으면 된다.

나도 선택과 결정을 잘하지 못하는 사람 중 하나였다. 짜장면과 짬뽕 중에 무엇을 골라야 할지 몰라서 짬짜면을 주로 선택했고, 가끔은 짜장면도 짬뽕도 아닌 볶음밥을 선택할 때도 있었다. 이런 사소한 것 하나도 제대로 고르지 못하는데 어떻게 인생에서 중요한 일이나 회사에서 성과를 내야 하는 일에서 올바른 선택과 결정을 할 수 있을까?

물론 성향에 따라 작은 일에는 과감한 선택을 하지만 큰일에는 소극적인 사람도 있고, 그 반대의 경우도 있다. 하지만 경중(輕重)을 떠나 선택과 결정을 해야 할 상황에 직면했을 때 무엇을 해야 할지 모르는 사람들은 사전에 충분한 연습이 필요하다. 천 리 길도 한 걸음부터라고 했으니 나와 함께 선택과 결정을 잘하기 위한 규칙을 정하고 나만의 루틴으로 만들어보자.

작은 성공 경험이 프로결정러를 만든다

첫 번째는 생각할 시간을 정하는 것이다. 나의 하루를 가만히 떠올려보자. 정말 나를 위해, 온전히 나만 생각할 수 있는 시간이 있는지 파악한다. 그럴 만한 여유가 없더라도 어떻게든 나만의 시간을 만들어야 한다. 단 5분, 10분이어도 좋다. 아침에 일어나자마자, 샤워를 하다가도, 출퇴근길 대중교통 안에서도 상관없다. 시간과 장소에 제한 없이 나에게만 집중할 시간이 필요하다.

그 시간만큼은 다른 고민이나 걱정은 하지 말고 나 자신, 내가 정해야 할 선택과 결정만 생각한다. 나의 일상을 분석해보고 불필요하게 허비하는 시간이 없는지를 파악한다. 허비하는 시간과 다른 일상의 일들을 잘 고려해서 나만의 시간을 확보한다. 그렇게 하면 선택과 결정에 있어 가장 기본이 되는 자기 확신을 높이기 위한 시간적인 여유가 생기는 것이다.

두 번째는 '결정 리스트 만들기'다. 지금 내가 정해야 할 사항들을 핸드폰 메모 앱이나 개인 다이어리 등 자주 보고 확인할 수 있는 곳에 정리한다. 시간의 흐름, 중요도 순서에 따라 분류하면 더 좋다. 이 단계에서 가장 중요한 것은 자주 볼 수 있는 곳에 정리해야 한다는 것이다. 그 이유는 결정해야 할 사항을 자주 인식하고 계속 생각하기 위해서다. 시간 흐름의 기준은 결정의 시급성이다. 나는 빨리 결정해야 할 사항은 F(fast), 천천히 결정해도 되는 사항은 S(slow)로 표시해서 구분한다.

마감 기한이 있다면 정확한 날짜를 적어도 좋다. 결정 리스트를 만들면 결정의 시급성과 중요도도 구별되지만 불필요한 걱정, 쓸데없이 에너지만 낭비하는 것인지도 자연스럽게 구분되어 마음의 부담감을 더는 데 도움이 된다.

세 번째는 '작은 성공 경험하기'다. 이것이 가장 중요하다. 선택과 결정을 할 때 작은 것부터 시작해보고 성공의 맛과 성취감을 느껴보는 것이다. 어떤 사소한 것이어도 좋다. 팀원들과 점심 식사를 할 때 비빔냉면과 물냉면 중에서 하나를 골라야 한다면 내가 조금 더 좋아하는 메뉴를 선택하면 된다. 식사 후에 아이스 아메리카노와 카페라테 중에서 51:49의 비율로 단 1%라도 더 끌리는 음료를 선택하면 된다. 일상의 사소한 부분에서 내가 조금 더 좋아하고 만족하는 것을 선택하다 보면 경험이 쌓여 크고 중요한 선택과 결정에서 자신감을 얻을 수 있다.

네 번째는 '감정 분석하기'다. 감정을 분석한다고 해서 어렵게 생각할 필요 없다. 선택과 결정을 한 뒤에 나의 감정을 생각해보는 단계이다. 물냉면과 비빔냉면 중에서 비빔냉면으로 정했을 때, 축구와 야구 중에 축구가 더 좋다고 했을 때 나의 감정이 어땠는지 알아본다. 좋은 감정이었다면 나를 위한 결정이고 그렇지 않다면 내가 아닌 다른 사람의 시선과 기준에 맞춰 어쩔 수 없이 내린 결정이다. 내가 원하는 선택을 했다면 결과가 좋든 나쁘든 만족감을 느끼고 나의 결정을 존중해준다.

다섯 번째는 '반성하기'다. 잘못된 선택과 결정에 대해서만 반성하는 것이 아니라 결과를 떠나서 선택을 한 후의 나를 돌이켜보는 시간을 갖는 것이다. 선택과 결정을 하기 위해 어떤 준비와 고민을 했고 어떤 과정을 거쳤고 어떤 결정을 내렸는지를 생각해보고 그 결과가 어땠는지를 전반적으로 점검하고 기록해본다. 나는 한 달 단위로 정리하는 시간을 가졌다. 앞선 4단계가 있기 때문에 한 달에 한 번 정도 정리하는 것은 크게 어렵지 않았다. 한 달 단위로 내가 내린 크고 작은 결정은 무엇이고, 고려했던 것은 무엇이고, 어떤 결정을 내렸고, 그때의 감정은 어땠는지를 하나씩 적다 보면 선택과 결정을 할 때 나만의 루틴을 발견하게 된다.

예를 들어 나는 서점에서 책을 고를 때는 크게 고민하지 않지만 새로운 사람을 만나거나 처음 먹는 음식에 도전할 때는 시간과 장소, 비용 등을 따져본다. 이처럼 내가 어떤 상황에서 선택과 결정에 약하고 강한지도 확인할 수 있다.

5가지 방법이 선택과 결정을 잘하고 심사숙고하는 데 100% 효과가 있다고 장담할 수는 없다. 다만 선택과 결정을 어려워하던 나는 이 방법을 통해 두려움에서 벗어났고 신중한 사람이 되었다. 5가지 방법은 사실 귀찮기도 하다. 하지만 작은 실천이 소중하고 중요하듯이 하루 중에 나에게 집중하는 시간부터 마련해보자. 하다 보면 시간적 여유도 생기고 원하는 성과도 분명 얻게 될 것이다.

처음 책 쓰기를 시작하고 의욕이 넘쳤을 때가 생각난다. 컴퓨터 앞에 앉으면 하고 싶은 말이 너무 많아서 수백 장은 쓸 것만 같았다. 하지만 막상 의자에 앉으면 무엇부터 어떻게 써야 할지 막막했고 제대로 집중도 되지 않았다. 진도가 나가지 않자 좌절감에 빠지기도 했다. 그때 책 쓰기에 대한 학습이 필요할 것 같아서 《대통령의 글쓰기》로 유명한 강원국 작가의 책을 구입했다. 강원국 작가는 책을 잘 쓰기 위해 가장 필요한 것이 길든 짧든 오랫동안 엉덩이를 붙이고 앉아서 쓰는 것이라고 했다. 한 단어든 한 문장이든 계속 쓰다 보면 나만의 책이 나올 수 있다는 것이다.

그 말에 나는 기대감을 안고 일단 의자에 오래 앉는 습관부터 들였다. 그 작은 실천이 습관이 되었고 나와 같은 고민을 갖고 있는 사람들을 위한 책을 쓰게 됐다. 선택과 결정을 잘하기 위한 5가지 방법 중에 단 하나라도 우선 실천해보자. 그러면 어느 순간 선택과 결정을 잘하는 사람, 신중한 사람이 되어 있을 것이다.

최선의 선택은 실천이다

어느 날 여행을 갈 여유가 생겼다. 하던 일도 어느 정도 정리됐고 보고도 다 끝난 상황이라서 나에게는 주말을 포함한 4일의 시간이 생겼다. 나는 무엇을 할까 고민했다. 집에서 쉴까? 아니면 여행을 갈까? 오랜만에 쉽게 갈 수 없는 국내의 먼 곳으로 여행을 떠나기로 정했다.

내가 생각한 곳은 거제도와 제주도였다. 푸른 바다를 보고 싶었고 집에서 최대한 먼 곳으로 가고 싶었다. 볼 것과 먹을 것도 많고 여유롭게 쉬다가 올 수 있는 곳으로 거제도와 제주도는 최선의 선택지였다. 이제 둘 중에 한 곳을 정하면 되었다.

나는 고민하기 시작했다. 두 곳 다 내가 원하는 조건들을 갖추고 있었지만 가장 큰 차이는 비용과 교통편이었다. 거제도는 4일치 짐을 들고 대중교통으로 이동하기에는 힘들었다. 집에서 터미널까지 가서 다시 고속버스를 타고 5시간 이상 가야 했고 숙소까지는 또 택시를 타고 이동해야 했다. 숙소에서 유명한 식당이나 카페, 관광지로 이동하기 위해서는 렌터카나 택시 또는 시내버스를 이용해야 했다. 교통편이 너무 번거로웠다. 그렇다고 거제도까지 운전해서 갈 생각을 하니 출발하기도 전에 몸이 피곤해지는 것 같았다.

동선과 운전에 대한 부담감 때문에 제주도로 방향을 바꿨다. 일단 집에서 공항까지는 지하철을 타고 1시간 내로 갈 수 있는 거리였기에 항공권을 알아봤다. 그런데 금요일부터 월요일까지는 항공료가 가장 비싼 시기였다. 더구나 미리 예매하지 않아 특가로 좌석을 구매할 수도 없었다. 항공료가 1인당 10만 원이 넘었고 제주도에서 차량을 렌트하는 비용도 15만 원이 넘었다. 제주도는 여행 경비가 부담이 되었다.

이제 선택만 남았다. 과연 나는 어떤 선택을 했을까? 이동 거리가 좀 길지만 차를 가지고 거제도를 갔을까? 아니면 여행 경비를 아끼지 않고 제주도를 갔을까?

나의 이런 우유부단한 성격, 원하는 것을 정확하게 몰라서 고민하는 모습이 답답하게 느껴질지도 모른다. '뭘 이런 걸 가지고 고민하냐'고 생각할 수도 있다. 하나를 포기하면 되는 일을 가지고 말이다.

과거에 나는 갖가지 걱정과 고민, 고려해야 할 사항들이 너무 많아서 아무런 선택과 결정을 하지 못했다. 스스로도 굉장히 답답해 했고 어떻게 하면 내가 원하는 것을 선택하고 결정할 수 있을지 고민했다. 최선의 선택을 하고 나서 더 이상 후회하지 않고, 선택하지 않은 것에 대해서는 깔끔하게 잊어버리고 싶었다.

선택한 것은 그냥 해라

결국 거제도와 제주도 중에서 나는 어느 곳도 가지 않았다. 비용과 교통편, 운전이라는 부담감 중에 어느 것 하나 포기하거나 조율하지 못했다. 4일 동안 나는 집에서 잠을 자고 책을 보고 게임을 했다. 고민하던 것들을 모두 접어버리고 집에만 있던 4일 동안 나는 편하거나 즐겁지 않았다. 오히려 에메랄드빛 바다와 넘실거리는 파도, 시야가 탁 트인 망망대해(茫茫大海)가 머릿속에 계속 떠올랐다. 그리고 나는 또 후회하고 자책했다.

'멍청한 자식……'

최선의 선택이라고 생각했던 집콕이 나에게는 최선의 선택이 아니었다. 차라리 제주도든 거제도든 100% 만족할 수 없으니 포기할 것은 포기하고 원하는 곳으로 가야 했다. 나에게 부족한 것은 포기하는 힘과 실천하는 힘이었다.

컬럼비아 대학교 심리학과 쉬나 아이엔가(Sheena Iyengar) 교수가 테드(TED)에서 쉽게 선택하는 방법이라는 주제로 강연한 영상이 있다. 미국인 2천 명을 조사한 결과 하루 평균 70여 개의 크고 작은 의사 결정을 한다고 한다.

오늘 출근할 때 입고 갈 옷을 고르고, 점심 식사 메뉴를 정하고, 식사 이후 마실 차를 고르고, 회사에서 업무 추진을 위해 필요한 의사 결정을 하고, 퇴근 후에는 지하철로 갈지 버스로 갈지 대중교통을 고르고, 집에 와서는 밥을 먹고 씻을지 씻고 먹을지를 고민하는 등 매일 수많은 결정을 하며 살아간다.

아이엔가 교수는 선택을 쉽게 하기 위해 다양한 사례를 연구한 결과, 선택지가 많을수록 선택하기 어렵다는 '선택복잡도'에 대해 이야기했다. 선택하기 위해 고려해야 할 사항과 조건이 많으면 그만큼 고민하는 시간이 길어지고, 선택하기가 더욱 어려워지거나 원하는 선택을 하지 못한다는 것이다. 쉽게 선택하려면 선택지를 줄이려는 노력, 즉 포기할 것이 무엇인지를 정하고 과감하게 포기해야 한다.

내가 고려하거나 고민하는 요소들을 과감하게 포기하지 못하는 이유는 정말 내가 원하는 것이 무엇인지를 모르기 때문이다. 이것도 좋고 저것도 좋다고 생각하다 보니 어느 것도 포기하지 못한다. 포기했을 때의 결과에 대한 두려움이 크기 때문이다. 결과에 대한 책임을 회피하거나 주변 사람들의 평가가 두려워서 어느 것 하나 포기하지 못하고 기회를 놓쳐버린다. 이것은 포기하는 힘이 부족하다기보다 실천하는 힘의 문제이다.

어떤 선택을 하든 실천하지 않으면 최선의 선택인지 알 수가 없다. 그렇기 때문에 실천은 최선의 선택을 위한 최고의 방법이다. 실천하지 않고 우물쭈물 고민만 하다가 기회를 놓쳐버릴 수 있기 때문에 무언가를 정했다면 그다음에는 실천할 차례이다.

실천하기 위해서는 첫째, 두려움을 극복해야 한다. 내가 선택한 대로 실행하다 넘어지고, 비난받고, 포기하고 싶은 상황이 올 수도 있다는 것을 받아들이고 이것을 극복하기 위한 마음가짐이 필요하다. 나의 선택이 최선이었는지는 아무도 모른다. 아무리 심사숙고해서 내린 선택이라도 결과를 예측하기란 쉽지 않다. 모든 선택에는 성공도 있고 실패도 있다. 결과에 대한 두려움 때문에 기회를 놓쳐서는 안 된다.

둘째, 그냥 하는 것이다. 나이키의 슬로건처럼 '그냥 해라(Just do it)'. 나의 선택이 최선이라고 믿고 그냥 하면 된다. 어떠한 기술이나 법칙보다 그냥 하는 것이 중요할 때가 있다. 새로운 실천, 새로운 결정 앞에서 걱정이나 고민, 두려움은 생기게 마련이다.

아무리 추진력이 강하고 도전을 즐기는 사람도 새로운 시작과 도전 앞에서는 두려움이 따른다. 하지만 그들이 실천할 수 있었던 이유는 나를 믿고 할 수 있다는 믿음으로 그냥 했기 때문이다. 그런

부류의 사람들은 실천했을 때의 뿌듯함과 해냈다는 만족감이 실패에 대한 두려움과 걱정보다 훨씬 크기 때문에 끊임없이 새로운 시작을 준비할 수 있었던 것이다.

4일의 휴식 기간 동안 아무것도 하지 않고 아무 데도 가지 않고 집에만 있던 내가 이제는 선택과 결정을 잘하는 방법을 이야기하는 책을 쓰게 되었다. 이 또한 나를 믿고 내가 겪었던 일들을 가지고 내가 잘할 수 있는 방법으로 그냥 했기 때문이다.

이제 나는 많이 고민하지 않으려고 한다. 나에게 2개의 선택지가 주어진다면 둘 다 경험해보려고 한다. 일단 부딪혀보고, 넘어져보고, 다시 일어나는 경험을 중요하게 생각하고 그 경험의 가치를 믿기 때문이다.

제주도와 거제도 중에서 한 곳을 정해야 한다면 이제는 거제도를 갔다가 김해공항에서 제주도에 들렀다 서울로 돌아오는 경로를 계획할 것이다. 그 순간과 기회가 아니면 경험해볼 수 없는 무언가가 있다고 믿기 때문에 어떤 선택과 결정의 상황이 오더라도 일단 당당하게 실천할 마인드를 갖게 되었다.

지금 고민하고 있는 것이 있다면 나처럼 경험의 힘을 믿고 일단 실천해보자. 그것이 바로 최선의 선택이자 최고의 선택이다.

머뭇거리지 않고 과감하게 결정하기

지금까지 선택과 결정을 좀 더 당당하게 잘할 수 있는 실전 팁과 노하우를 제시했다. 단기적으로 내일 아침 당장 실천할 수 있는 것도 있고 꾸준히 습관을 들여야 하는 것도 있다. 열심히 따라 하다가 지칠 때를 대비하여 어떤 마음가짐과 자세로 선택과 결정을 바라봐야 하는지 마인드와 태도에 대한 이야기도 했다. 그런데 아직도 선택과 결정이 어려운가? 선택과 결정을 해야 할 상황이 오면 도망치고 싶은가?

선택과 결정 앞에서 마음 편해지고 싶고 어떤 선택을 하든 후회하고 싶지 않다면 다음 3가지를 반드시 기억하자. 바로 MVP, 즉 마음가짐(Mind), 목표(Vision), 결정 과정(Process)이다. 선택과 결정을 해야 할 상황에서 나의 마음가짐과 나의 목표, 결정 과정을 항상 떠올리는 것이다.

마음가짐(Mind)은 선택과 결정을 할 때의 감정을 말한다. 불안하고 걱정되고 두려운 마음은 잠시 밖으로 끄집어내자. 안 좋은 감정들이 쌓이고 쌓여 마음속에서 빠져나가지 않는다면 억지로라도 끄집어내야 한다. 나는 "아자! 가자!"라고 기합을 넣는다. 스포츠 경기에서 선수들이 시합 전에 기합을 넣고 경기 중간중간에 파이팅을 외치는 모습을 떠올려보자. 흐트러진 마음과 불안한 마음을 다잡기 위해서다. 우리가 근무하고 생활하는 공간에서는 경기장처럼 소리칠 수 없다. 하지만 나만의 방식으로 큰 소리든 작은 소리든 기합을 넣는다.

나는 회사에서 옥상이나 비상계단 복도로 나가 혼자 기합을 넣고 다시 자리로 돌아온다. 집에서는 특히 샤워를 할 때 기합을 자주 넣는다. 안 좋은 감정들이 선택과 결정을 어렵게 하거나 불필요한 시간으로 결정이 지체되면 나의 마음속에 있는 부정적인 감정들을 어떻게든 밖으로 끄집어내려고 노력한다. 선택과 결정을 할 때 나는 어떤 마음 상태에 있는지를 파악해보고 좋은 감정과 긍정적인 분위기 속에서 선택할 수 있도록 마음 관리를 하는 것이다.

목표(Vision)는 선택과 결정을 할 때 내가 원하는 것과 방향성을 말한다. 선택했을 때 원하는 그림은 어떤 것인지, 나는 어떤 결과를 희망하는지, 내가 생각하는 미래의 모습에 긍정적인 요소로 작용하는지 등을 생각한다. 점심 메뉴를 고르는데 무슨 목표까지 생각하느냐고 할지 모르지만 내가 정말 먹고 싶은 것을 먹는다면 먹는 즐거움이라는 목표를 달성하는 것이다.

올바른 방향성을 갖기 위해 자기사명서 작성하는 것, 자기 확신을 위해 메모하는 습관 등 여러 가지 방법을 제시했다. 이들 모두 실천할 수 없다면 하나만 기억하자.

'나를 위한 선택과 결정인가?'

선택과 결정을 어려워하는 사람들은 대부분 자신을 잘 모른다. 그리고 나보다 주변 사람들을 더 많이 신경 쓴다. 나에 대한 이해가 없기 때문에 나의 선택이 나를 위한 것인지 판단하지 못한다. 자기사명서를 쓰는 것도, 나에게만 집중하는 시간을 갖는 것도 선택과 결정의 주인공이 '나'임을 명확하게 하기 위해서다.

결정 과정(Process)은 '과정에 충실했음'을 인정하는 것이다. 아무리 고민을 많이 하고 부정적인 감정이 최소화된 상태에서 명확한 비전에 따라 선택하더라도 나의 예상과 다른 결과가 나올 수 있다. 빈틈없이 꼼꼼하게 준비하고 철저하게 계획해도 예상하지 못한 곳에서 갑작스러운 변수로 인해 결과가 안 좋게 나오거나 반대로 더 좋은 결과가 나오는 경우도 있다. 내가 준비한 과정, 실천하는 과정에 충실했다면 어떤 결과가 나오더라도 승복하고 받아들인다.

선택과 결정을 보는 관점 또한 다르지 않다. 2가지, 3가지, 그보다 더 많은 선택지 중에서 정말 내가 원하는 것을 선택했다 하더라도 기대한 결과가 나오지 않을 수 있다. 그렇기에 '좋은 경험했네', '그 정도면 충분히 잘했어'라고 노력한 자신을 칭찬하는 마음을 가져야 한다.

그래도 선택과 결정이 어렵다면 MVP를 기억하자

결과에 대한 두려움으로 선택과 결정을 하지 못하던 시절 다음과 같은 글귀를 봤다.

"우물쭈물하다가 내 이럴 줄 알았어(I knew if I stayed around long enough, something like this would happen)."

이 한 문장이 머리를 한 대 세게 얻어맞은 것처럼 나의 생각을 완전히 뒤바꿔놓았다. 이것은 노벨문학상을 수상한 아일랜드의 극작가 조지 버나드 쇼의 묘비명이다. 정확한 해석은 '내가 꽤 오래도록 살긴 했지만 이런 일이 생길 줄 알고 있었다니까'이다. 원문과 다른 번역이기는 하지만 '죽음은 언제나 나의 곁에 있으니 살아 있을 때 후회 없이 살라'는 숨은 뜻을 오히려 부각했으니 잘못된 해석으로 보기는 어렵다. 의역한 사람의 센스가 돋보인다는 평가를 받기도 한다. 이 말은 선택과 결정의 중요성을 강조하는 의미로 많이 쓰이고 있다.

선택과 결정을 할 때 무엇을 원하는지, 무엇을 하고 싶은지, 이 것이 나에게 도움이 될지, 해가 될지를 계속 고민하다 보면 결국 눈앞에 있던 행운과 기회는 어느새 사라진다. 그렇게 많은 시간을 흘려보냈다. 앞으로도 지나간 버스가 언제 올지 기다리고만 있을 수는 없다. 이제 더 이상 그렇게 살 수 없다.

이제 MVP만 기억하자. 이 책의 모든 내용을 실천하기는 쉽지 않 다. 당신의 인생에서 계속 마주하게 될 선택과 결정이라는 관문에 서 당당해지고 싶다면 MVP를 꼭 떠올리자.

선택과 결정을 하기 전 부정적인 마음, 불안한 감정들을 의도적 으로 없애서 긍정의 감정으로 바꾸려는 마음가짐(Mind), '나를 위한 선택인지' 목표(Vision)를 항상 따져보는 자세, 그 결과물이 어떻게 나오든 결정 과정(Process)에 충실했던 나를 격려하고 위로하며 더 많은 의미 부여를 하려는 자세만 갖추면 앞으로 나의 삶도 분명 밝 고 행복할 것이다.

인생은
결정력이다

결정 앞에서는 후회라는 단어를 지워라

타임슬립(Time Slip)은 판타지나 SF 소설, 최근 들어 드라마에서도 많이 사용하는 소재로 어떤 사람 또는 어떤 집단이 알 수 없는 이유로 과거 또는 미래로 시간 여행을 하는 것이다. 의도적으로 시간을 거슬러 가는 타임머신과는 다른 개념이라고 하지만 지나간 일 또는 앞으로 벌어질 일을 원하는 대로 바꿀 수 있다는 점에서는 둘 다 비슷한 개념이다. 타임슬립과 관련된 영화 중에 가장 인상적인 것이 리처드 커티스(Richard Curtis) 감독의 〈어바웃 타임〉이다.

주인공 팀은 아버지에게 놀라운 비밀을 듣는다. 자기 가문의 남자들은 어두운 곳에서 두 주먹을 쥐고 원하는 시간을 마음속으로 말하면 그 시간으로 돌아간다는 것이다. 이 사실을 알게 된 후 팀은 런던으로 가서 자신의 미래와 여자 친구를 만들기 위해 '시간 이동' 능력을 사용한다. 런던의 한 변호사 사무소에서 일하던 어느 날, 블라인드 카페에서 메리라는 여성을 만나 첫눈에 반한다. 행복했던 순간도 잠시, 아버지 친구의 연극이 연극배우의 잘못으로 모두 실패하자 이 일을 도와주기 위해 자신의 시간 이동 능력을 이용하게 되고 결국 과거가 바뀌면서 메리와의 시간은 모두 사라져버리고 만다. 팀은 어떻게 해서든 메리를 다시 만나기 위해 블라인드 카페에서 얘기를 나눴던 순간을 떠올리며 그녀가 좋아하는 모델의 사진 전시회가 열린다는 것을 알게 된다. 그리고 그곳에서 메리를 만나기만을 하염없이 기다린다.

드디어 메리를 만나지만 메리에게 팀은 처음 보는 사람이다. 팀은 조심스럽게 그녀에게 다가간다. 메리가 좋아하는 배우 이야기로 그녀에게 호감을 얻지만…… 아뿔싸! 그녀에게 남자친구가 있다. 하지만 팀은 메리가 남자친구를 처음 만나는 날로 돌아가서 자신이 먼저 메리를 만나고 결국 사랑에 성공한다. 이후에도 여러 번 과거로 돌아가서 현재를 바꾸려는 노력을 하지만 결국 시간 여행 없이도 행복하게 살아가는 방법을 깨닫는다.

시간을 되돌리고 싶을 정도로 후회할 일을 남기지 않고 나의 인생을 하루하루 행복하게 보내고 싶다. 잘못된 선택을 하더라도 그 시간으로 돌아가서 다시 올바른 선택을 하고 원하는 결과를 만들 수 있는 능력, 아니면 로또 발표일에 번호를 보고 바로 전날로 돌아가서 로또에 당첨되어 인생을 바꿀 수 있는 능력, 영화 속에서나 가능한 시간을 되돌리는 능력을 누구나 한 번쯤은 꿈꿨을 것이다. 하지만 우리는 그렇게 살 수 없고 그런 능력은 더더욱 없다.

우리는 매일 수만 가지의 선택과 결정을 해야 한다. 어떤 선택과 결정을 하느냐에 따라 내일, 1년, 5년, 10년의 인생이 바뀐다. 그러면서 자연스럽게 후회라는 것을 하게 된다. 마치 바늘과 실처럼 후회는 선택과 결정이라는 단어와 함께 따라다닌다.

시간은 되돌릴 수 없다는 전제

2020년 마지막 날, 아내와 집에서 연말 파티를 하고 있었다. 와인 한 병과 작은 케이크를 놓고 한 해를 마무리하면서 조용한 시간을 보냈다. 우리는 한 가지 주제로 이야기했다.

"시간을 되돌린다면 언제로 돌아가고 싶어?"

아내는 아무 걱정 없이 즐겁기만 했던 대학생 시절로 돌아가고 싶다고 했다. 아내는 후회를 잘 안 하는 성격이다. 후회를 하더라도 금방 잊어버리려고 한다. 그런데 나는 정반대이다. '당신은 언제로 돌아가고 싶어?'라는 질문에 나는 머뭇거렸다.

'그것을 어떻게 하나만 정하지? 그런 날이 얼마나 많은데……'

군대에서 장기지원서를 넣었을 때라고 이야기했지만 그 외에도 돌아가고 싶은 순간이 너무나 많았다. '다시 한 번 생각해볼걸……' 하며 후회했던 수많은 순간들.

기회비용은 어떤 재화의 용도 중 한 가지만을 선택한 경우, 포기한 용도에서 얻을 수 있는 이익의 평가액을 말한다. 하나를 선택함으로써 포기해야 하는 것에 대한 가치다. A와 B 중에서 하나를 골라야 할 때 어떤 것이 나에게 더 가치 있고 좋은 것인지를 판단해야 한다. 그래서 더 나은 A를 선택했는데 그것이 잘못된 선택이었고 B가 더 좋은 선택이었다면 A를 선택한 것에 대한 후회를 하게 된다. 당연한 이치다. 나와 같이 선택과 결정을 힘들어하는 사람들은 특히 후회를 더 많이 하는 편이다. A와 B 둘 다 내가 100% 원하는 것이 아니었고 전혀 다른 것을 선택해야 했다며 자책하기 때문이다.

후회하지 않는 삶을 살기 위해 반드시 해야 할 것이 있다.

첫째, 나를 아는 시간을 가져라. 나를 알지 못하면 자기 확신을 가질 수도 없다. 내가 뭘 원하는지도 모르면서 어떻게 내가 원하는 선택을 할 수 있을까? 덜 후회하는 선택을 하기 위해서 가장 먼저 내가 무엇을 원하는지를 알아야 한다.

둘째, 후회 목록을 만들어라. '정말 이렇게 하면 얼마나 좋았을까?' 하는 것들을 적어라. 그러면 지금도 충분히 할 수 있는 것이 있음을 알게 된다. 그리고 그 항목을 지금 당장 하자. 항목들이 지워지면서 후회할 일이 덜어지고 새롭게 채워지는 느낌을 받을 수 있다.

셋째, 후회를 당연하게 받아들이고 앞으로 나아갈 수 있는 마인드를 가져라. 현실에서는 절대 시간을 되돌릴 수 없다. 그러니 후회되는 순간을 마음 편하게 받아들이고 때로는 시간 속에 흘려버리면서 눈앞에 펼쳐진 현실을 직시해야 한다.

넷째, 지금 내가 통제할 수 있는 무언가에 집중하자. 과거에 연연할수록 후회만 더 커질 뿐 나는 점점 더 지치고 힘들어질 것이다. 내가 지금 바꿀 수 있고 통제할 수 있는 것은 눈앞에 있는 현실이다. 지나간 시간은 좋은 기억 또는 좋은 경험으로 받아들이고 나의 힘과 능력으로 충분히 통제할 수 있는 현실에 집중해라. 그러다 보면 마음이 한결 가벼워지고 선택과 결정 앞에서 더 당당해질 것이다.

후회에 사로잡혀 앞으로 나아가지 못하는 사람들, 앞으로 닥칠 현실에 대한 불안과 걱정으로 고민하는 사람들, 자신만의 기준이 없어서 원하는 것을 선택하지 못하는 사람들. 나의 얘기이고 이 책을 읽고 있는 우리 모두의 이야기다. 후회와 작별하자.

선택과 결정의 연속인 인생이라는 여행에서 '과거로 돌아갔으면……' 하는 상상만 계속한다면 우리는 지금과 똑같은 삶을 무한 반복하게 될 뿐이다. 그러면 우리에게 더 이상의 미래는 없다. 이제는 지나간 버스를 붙잡으려 하지 말고 곧 도착할 버스를 놓치지 않기 위해 준비하자. 그러면 분명 선택과 결정 앞에서 지금보다 훨씬 당당해질 것이다.

나를 알아야 내가 선택할 수 있다

나는 매일 일기를 쓴 지 10년이 넘었다. 일기를 쓸 수 없는 상황에서는 일단 핸드폰에 써두었다가 일기장에 옮겨 적는다. 포스트 잇에 적고 일기장에 붙인 적도 있을 만큼 일기 쓰는 습관을 게을리하지 않으려고 한다.

습관이 들기 전에는 일기 쓰는 시간이 힘들었다. 어떤 내용을 써야 할지도 몰랐다. 자서전이나 회고록을 쓰는 작가처럼 멋진 글을 쓰고 싶었지만 하루 일과를 나열하는 정도였다. 약속이 있거나 일에 지쳐 피곤할 때는 일기를 쓰지 않았다. 그렇게 차일피일 미루는 날도 많았고, 새롭게 산 일기장을 한두 장만 쓰고 버린 적도 있다.

일기를 쓰는 이유는 나의 일상을 기록으로 남기고 싶었기 때문이다. 나의 버킷리스트 중 하나는 죽기 전에 자서전을 출간하는 것이다. 나의 인생이 별로 대단해 보이지 않고 늘 똑같은 일상을 사는 데다 다른 사람들이 부러워하거나 배울 만한 것이 있을까 하는 생각도 든다. 하지만 나와 비슷한 경험을 갖고 있거나 현재 그 상황 속에 있다면 나의 인생도 다른 어떤 이에게 큰 도움이 되지 않을까 하는 생각에 자서전을 쓰려고 했다. '나는 어떤 삶을 산 사람이고 인생에서 어떤 배움과 깨달음을 얻었고 이런 상황에서 어떻게 행동했더니 결과가 좋았다'는 이야기를 통해 누군가에게 도움을 주는 삶으로 마무리하고 싶었다.

자서전을 쓰려면 살아온 인생을 돌이켜봐야 했고 그러기 위해서는 하루하루 일상의 기록이 필요했다. 단순 기록을 떠나 그날 있었던 일에 대한 나의 생각과 느낌, 감정들을 담아야 했다. 일기를 쓰기 시작했지만 현실은 매일 반복되는 반성과 똑같은 일과의 기록들뿐이었다.

'이렇게 해서 과연 자서전을 쓸 수 있을까?'

스스로에게 의구심이 들었다. 일기를 잘 쓰기 위한 여러 가지 방법들이 인터넷이나 책으로 나와 있었지만 큰 도움이 되지 않았다. 그래서 지금까지 썼던 일기장을 다시 한 번 읽어보았다.

나의 일기장은 곧 나였다. 나의 성격이 고스란히 담겨 있었다. 내용의 절반 이상이 나에게 묻는 질문들이었다. 나는 왜 이럴까? 나는 왜 결정을 못 할까? 무엇이 고민일까? 왜 그때 아무 말도 못했을까? 우유부단하고 추진력이 없고 걱정만 많은 내 모습 그대로 나타나 있었다. '자서전을 쓰기 전에 이 질문들부터 처리하자'라는 생각이 그때 처음 들었다. 스스로에게 질문이 많다는 것은 자기 확신이 부족하다는 뜻이다. 내가 좋아하는 것, 잘하는 것, 중요하게 생각하는 것 등 나에 대해 아는 것이 없고 나를 잘 모르기 때문에 끊임없이 질문만 던지고 있었던 것이다.

결정은 나를 알아가는 과정이다

일기를 쓰면 좋아지는 것이 3가지 있다.

첫 번째는 글쓰기 능력이다. 하루 동안 일어났던 사건과 느꼈던 감정을 글로 쓰다 보면 창의력과 표현력이 좋아진다.

두 번째는 스트레스 해소다. 일기를 쓰다 보면 나에 대한 반성과 주변 사람들로부터 받은 상처와 감정, 스트레스를 오로지 나의 관점에서 작성하게 된다. 누가 비난하거나 조롱하지도 않고 나만 볼 수 있는 비밀스러운 공간이기 때문에 안 좋았던 감정이나 생각들을 적다 보면 스트레스가 해소된다.

세 번째는 나를 알게 된다. 나는 이 세 번째 장점에 더 집중하려고 한다. 일기를 쓰는 시간과 공간 속에는 나 외에 아무것도 없다. 나의 생각과 감정들이 어떤 식으로 표현되든 일기 속에는 내가 있다. 내 안에 있는 나와 마주할 수 있는 것이 일기다. 나는 언제 어떤 순간에 선택과 결정을 어려워하고, 나는 어떤 사람과 만났을 때 기분이 좋고, 어떤 성향의 사람을 좋아하고 싫어하는지, 어떤 감정을 중요하게 여기고 어떤 기억을 소중하게 생각하는지, 나에 대한 모든 것이 일기장에 담겨 있다. 그래서 일기는 나와 만날 수 있는 가장 좋은 수단 중의 하나이다.

일기 속에서 나를 만났다면 이제는 나를 아는 단계로 넘어가야 한다. 이것은 일기를 쓸 때 얼마나 솔직하게 썼느냐가 관건이다. 일기는 어느 누구도 볼 수 없는 나만의 공간이다. 실제로 나는 농담 삼아 아내에게 '일기장을 몰래 보다 걸리면 이혼 사유야'라고 할 정도이다. 비도덕적인 행위나 그런 내용을 쓰지는 않았지만 누군가 나의 일기를 보는 것은 많은 관중들 앞에서 옷이 벗겨지는 것처럼 부끄러운 일이다. 일기는 하염없이 솔직하게 써야 한다. 솔직하지 못하거나 다른 사람의 시선과 평가를 신경 쓴다면 그것은 나의 일기가 아니다.

나의 일기를 자주 보고 자주 쓰면서 나에 대해 더 알게 되고 자기 확신을 가질 수 있었다. 처음에는 매일 자기 전 30분은 일기를 쓰는 시간으로 계획했다. 습관을 형성하기 위해서는 규칙적인 시간을 갖는 것이 필요하다. 하지만 습관이 형성되고 일기 쓰는 것에 대한 부담이 없을 때는 수시로 일기장을 펼쳐서 그 순간의 생각과 감정을 적는다. 더 나아가 집에 두는 일기장과 휴대하고 다니는 일기장을 나눠서 쓸 만큼 일기와 많이 친해지고 일기를 안 쓰면 불안한 수준까지 이르렀다. 어색했던 사람도 자주 만나면 정이 들고 친해지듯이 나의 일기장을 수시로 펼쳐서 보고 기록하다 보면 나에 대해 잘 아는 '내가' 되어 있을 것이다.

나는 이제 선택과 결정을 제법 잘하는 사람이 되었다. 하지만 타고난 성향은 아직 남아 있어 저돌적이고 강한 추진력을 발휘하지는 못하지만 우유부단하고 주변 사람들이 내가 무슨 생각을 하는지 모르는 그런 답답한 사람에서 확실히 탈출했다. 일기를 통해 꾸준히 나와 만나는 시간을 가졌기 때문이다. 나를 만나는 방법은 많다. 하지만 일기를 추천하는 사람들이 많다는 것은 그만큼 효과가 있다는 것이다. 나 또한 일기를 통해 변화했다.

선택과 결정을 잘하기 위해서 가장 중요한 것은 바로 '나'이다. 결정의 주체가 바로 '나'이기 때문이다. 따라서 나를 아는 시간은 반드시, 무조건 필요하다. 집에 있는 오래된 공책이나 수첩으로 지금 당장 시작해보자. 일상을 기록하고 생각과 감정을 정리하다 보면 어느새 나를 온전히 받아들이는 사람이 되어 있을 것이다. 그러면 선택과 결정은 당연히 나를 중심으로 따라오게 되어 있다.

결정하지 않아도 될 때가 있다

인생을 살아오면서 가장 어려웠던 결정은 무엇일까? 학교, 군대, 회사 생활을 통틀어서 나에게 가장 어려웠던 선택과 결정의 순간은 '이 사람 어때? 주변 사람 추천 좀 해줘?'라는 질문에 대한 답변 또는 사람을 선택해야 하는 순간이었다. 사람에 대한 평가나 추천이 중요하다는 생각을 하지 못했던 시절에는 '나와 관계만 좋으면 좋은 사람, 추천하고 싶고 소개해주고 싶은 사람'이라고 생각했다. 그래서 누군가 나에게 그 사람을 추천하거나 평가 또는 소개해달라고 했을 때는 나와의 관계만을 생각했다.

대학교 시절 한 친구가 자기에게 소개해줄 이성 친구가 있냐고 물어봤다. 당시에는 상대방의 이상형, 즉 어떤 외모를 원하는지가 첫 번째 기준이었다. 키, 몸매, 얼굴형 등 상대방이 원하는 외적 이상형을 기준으로 주위 사람들을 매칭해서 친구에게 한 선배를 소개해줬다.

선배는 나름 준수한 외모와 학구적인 이미지를 가지고 있었다. 나는 소개만 해주고 둘이 알아서 하겠지 생각하고 크게 신경 쓰지 않았다. 그런데 며칠 뒤 소개팅을 해달라고 했던 친구를 만났는데 무턱대고 화를 내는 것이었다. '어떻게 그런 사람을 소개해줄 수 있냐고, 너무 별로였다'고 말이다. 들어보니 약속 시간도 지키지 않고 아무 준비 없이 나온 데다 자기 얘기만 늘어놓았다고 한다. '아 뿔싸! 내가 잘못 생각했구나' 하는 생각이 머릿속을 스쳐 지나갔다. 내가 보는 모습, 나와 관계를 맺는 상황에서의 모습과 많이 달랐던 것이다. 가벼운 목적의 만남이라도 사람을 소개해줄 때는 신중해야겠구나, 하는 생각을 처음 하게 됐다.

이런 경험은 군 생활 때도 있었다. 군대는 장기복무를 하기 위해 거쳐야 하는 경력 개발 코스의 직책이 있다. 내가 선임 중대장으로 복무했을 때 당시 지휘관이었던 대대장님이 나에게 그 자리에 적합한 인물을 추천해달라고 하셨다. 물론 결정은 대대장님이 하시지만 나의 판단을 존중하겠다는 말에 부대에서 함께 근무하고 있는 후배들을 하나씩 따져봤다. 중대장 직책 밑에는 소대장 역할을 하는 소위, 중위 계급의 초급 장교가 한 명씩 있다. 나에게도 한 명의 소대장이 있었다. 장기복무를 희망하는 친구였고 내가 지시한 업무에 대해 반응 속도는 좀 느렸지만 열심히 하려는 자세와 마인드를 갖고 있었다. 무엇보다 어떻게든 좋은 결과를 보여주려고 노력하는 친구였다.

나는 그 친구를 대대장님께 추천했다. 대대장님은 나를 믿어보겠다며 그 친구에게 중요 직책을 부여했다. 한 달쯤 흘렀을까? 대대장님이 나를 따로 부르시더니 말씀하셨다. '제대로 추천한 것 맞냐?'고 말이다. 나에게 사람 보는 눈이 없다고도 했다. '사람을 추천하는 일이 정말 어렵구나, 사람 보는 눈을 키워야겠구나' 하고 다시금 생각하게 됐던 순간이다.

두 번의 사람 추천에 실패한 이후 '신중해야겠다'라는 생각이 많이 들었다. 나와의 관계만 보는 것이 아니라 상대방과 잘 맞을지, 해당하는 업무와 위치에 적합한지 등 다양한 상황에서 잘 따져보고 추천해야 한다는 것을 느꼈다.

결정 강박에서 벗어나라

선택과 결정을 해야 할 상황이 오면 둘 중에 하나는 무조건 정해야 한다고 생각한다. 결정을 하지 않으면 뭔가 결단력이 없고 우유부단해 보인다. 이러한 점은 특히 사람을 소개하거나 추천할 때 내 주변에 얼마나 괜찮은 사람이 있는지, 그 사람과 관계는 좋은지,

사람을 보는 능력이 있는지 등 다른 사람들이 나를 평가하는 잣대로 활용되기도 한다. 그래서 나는 사람을 소개하고 추천하는 상황에서는 더 꼼꼼히 따져보고 판단한 뒤에 신중한 결정을 내려야 한다고 생각한다.

회사 생활을 할 때의 일이다. 나의 이직이 정해지고 팀장은 팀원을 채우기 위해 사람을 추천해보라고 했다. 팀원들이 누구와 함께 해야 성과를 낼 수 있을지 고민했지만 딱히 오르는 사람이 없었다. A가 괜찮으면 B가 부족하고 C가 괜찮으면 D가 부족해서 섣부르게 사람을 추천할 수 없었다. 그때 사람을 소개하거나 추천해주고 실패했던 경험들이 떠올랐다. 아무리 고민을 해서 추천한다고 해도 상급자가 마음에 안 들 수도 있었다. 팀원들이 알고 있는 인맥을 동원해도 함께 근무하거나 직간접적으로 경험해본 적이 없기 때문에 '이 사람이다'라고 자신 있게 말할 수 없었다.

"잘 모르겠다고 솔직히 얘기하자."

팀장이 지시한 일에 대해 '잘 모르겠다'고 말하는 것이 옳은 일이냐고 생각할 수도 있다. 물론 상황과 업무에 따라 '못 하겠다'고 말할 수 있는 일이 있고 없는 일이 있다.

그러나 사람을 추천하는 일은 간단하지 않다. 예상했던 것보다 업무 능력이 떨어지거나 다른 팀원들과 단합이 안 되는 사람이라면 큰 문제가 될 수 있다. 그래서 어렵게 '추천을 포기하자'는 결정을 한 것이다.

선택과 결정을 어려워하는 사람들은 무조건 결정을 해야 한다는 강박관념을 갖고 있다. A와 B라는 선택지만을 생각하고 둘 중에 정말 나에게 도움이 되고 이득이 되는 선택지를 고르기 위해 고민에 고민을 거듭한다. 하지만 포기라는 제3의 선택지 'C'가 있다. 포기할 경우 주변 사람들이 나를 어떻게 평가할지, 어떤 시선으로 바라볼지 걱정하다 보니 내가 원하지 않은 선택을 하게 된다.

결정하지 않아도 괜찮다. 결정하지 않는 것도 나의 선택이다. '저는 잘 모르겠습니다', '이번 결정에서는 빠지겠습니다'라고 말하면 오히려 마음이 편할 것이다. 주위 사람들의 눈치를 보며 움츠러들 대로 움츠러든 몸은 스트레스만 받을 뿐이다.

우리는 태어나서 죽을 때까지 많은 선택과 결정 속에서 살아간다. 그중에는 내가 쉽게 선택할 수 있는 것도 있고 충분한 시간을 갖고 고민하고 정해야 하는 것도 있다. 어떤 선택이 나를 위하고 나에게 필요한지를 모를 때도 있다. 그때는 솔직하게 '결정을 못 하겠습니다'라고 이야기하자. 원하는 선택과 결정을 하지 못해 후회하는 것보다 결정을 포기하면 주변 사람들에게 따가운 시선은 잠깐 받을 수 있겠지만 나의 마음은 훨씬 편하고 오히려 후련해질 수 있다. 제3의 선택지, 바로 결정을 하지 않는 것이다.

인생에서 가장 큰 결정과 선택의 순간

　나는 선택과 결정을 어려워하는 사람이었다. 점심 메뉴 하나 제대로 고르지 못했고 내가 좋아하는 것이 무엇인지 몰라서 다른 사람에게 선택을 맡겼다. 선택과 결정을 빠르게 하지 못해 우유부단하고 일 처리가 늦다는 평가도 받았다. 하고 싶은 말이 있어도 주변 사람들의 시선과 평가에 겁먹어서 아무 말도 못 했다. 늘 혼자무슨 생각을 하는지도 모르겠다며 섬 같은 존재로 취급받기도 했다. 나보다는 부모님이 원하고 주변 사람들이 희망하는 사람이 되고 싶어서 나의 모습은 숨겼고 그들이 생각하는 나의 모습에 맞춰서 살았다.

　나의 인생에 '나'는 없고 타인의 삶으로 살다 보니 '나는 이 세상에 왜 태어났나?' 하고 생각한 적도 있다. 스스로에게 물었다. '나로서 살아온 적이 있을까?' '나로 산다는 것은 무엇일까?'에 대해 많은 고민을 했다.

결론은 하나였다. 내 삶의 주인공이 되기 위해서는 내가 원하는 선택과 결정을 해야 한다는 것이었다. 누군가의 도움이 필요할 수는 있지만 내 앞에 놓인 모든 선택과 결정을 내가 직접, 나의 방식대로 하는 것이다.

처음으로 나의 인생에서 중요한 선택을 한 것이 전역지원서를 내는 것이었다. 임관부터 전역을 하겠다는 생각은 하고 있었지만 취업이라는 현실의 벽, 익숙한 것이 편하다는 주위 사람들의 조언에도 불구하고 과감하게 나는 전역을 선택했다. 전역지원서를 제출하는 순간까지 '이게 맞을까? 다른 방법이 더 있지는 않을까?' 고민하고 또 고민했다. 결국 용기를 내서 군인이 아닌 직장인의 삶을 살겠다는 결심을 했다.

두 번째는 세계 일주를 계획한 것이었다. 2019년 선선한 10월에 나는 회사며 개인생활이며 모든 것에서 해탈할 정도로 하루하루를 보내고 있었다. 회사 내 끼리끼리 문화와 편 가르기 등으로 힘들고 지쳐 있었다. 부서를 옮긴 지 얼마 되지 않은 2020년 9월 퇴사를 결심했다. 그리고 아내와 같이 스페인 산티아고 순례길을 시작으로 세계 일주를 계획했다.

경제적으로 어렵지 않고 안정적인 삶을 사는 것이 나의 인생에서 가장 큰 목표라고 생각했는데 정반대인 불안정한 삶, 특히 부모님이 원하지 않는 삶을 살겠다고 마음먹은 것이다. 양가 부모님께는 허락 아닌 허락을 받았다. 일이 많고 출장이 잦아도 퇴사 후 아내와 함께 산티아고 순례길을 시작으로 전 세계를 누비면서 걷고 여행하는 나의 모습을 생각하니 너무 기분이 좋고 행복했다. 하지만 코로나 팬데믹으로 예약했던 비행기표는 취소했고 언젠가는 꼭 가겠지 하는 생각으로 계획만 유지한 채 시기만 보고 있다.

세 번째는 이직이다. 마흔이 되기 전, 새로운 사람과 새로운 환경에서 새롭게 다시 시작하고 싶었다. 신입사원으로 지원할 때처럼 다시 이력서도 써보고 면접 준비도 했다. '이걸 어떻게 했을까?'라는 생각이 들 정도로 새롭게 다시 시작하는 마음으로 최선을 다했다. 주위 사람들은 기회가 왔을 때 빨리 탈출하라는 반응도 있었고, 조금만 더 버티면 좋아질 텐데, 하는 기약 없는 희망고문을 심어주는 사람도 있었다. 하지만 나는 과감하게 이직을 선택했다.

이 3가지 모두 선택과 결정을 어려워하는 내가 인생에서 직접 주도적으로 선택한 일이다. 이후로 선택과 결정을 잘하는 데 좋은 자극이 되었다. 좋은 선택을 반복하다 보니 결정을 하는 데 자신감이 붙었다. 지금은 선택과 결정 앞에서 오히려 더 당당해졌다.

천천히, 아주 조금씩 내가 원하는 것을 생각하기

나에게 있어서 전역, 퇴사, 이직 모두 쉽지 않은 선택이었다. 나름의 기준으로 수십 번, 수백 번 고민했다. 하지만 결정을 하고 나니 마음이 편했다. '이것이 정말 내가 원하는 삶이었다'는 생각이 들 정도로 오히려 후련했다. '조금 덜 고민하고 조금 더 빠르게 행동하면 좋았을 텐데……'라는 후회와, 중요한 인생의 갈림길에서 내가 원하는 것을 이제야 하게 됐다는 뉘우침도 있었다.

돌이켜 생각해보면 나를 아는 사람들은 나 때문에 얼마나 답답했을까? 빨리 결정하고 실행에 옮기든지 준비를 했어야 하는데 기다리느라 지치고 무슨 생각을 하는지 물어보느라 많이 힘들었을 것 같다.

사실 나도 변하려고 하지 않았다. 변하기 위해서는 계기가 필요하다. 나 스스로 만들든 어떤 상황에서 자극을 받든 분명 생각의 전환, 행동의 변화에는 계기가 있어야 한다. 그러므로 시간과 인내가 필요하다.

선택과 결정을 어려워하거나 피하고 싶어 하는 사람이 있다면 첫째, 너그럽게 기다려준다. 그러면 어느 날 당신의 선택과 결정, 또는 업무 추진에 분명 많은 도움을 줄 것이다.

둘째, 질문을 많이 한다. 선택과 결정을 어려워하는 사람들은 무엇을, 언제, 어디서부터 해야 할지 알지 못한다. 그들에게 '언제까지 할 거야? 얼마나 됐는데? 생각은 하고 있는 거야?' 등과 같은 재촉하는 질문은 빠른 선택과 결정에 아무런 도움이 되지 않는다. '어떤 것이 고민이니? 내가 같이 고민해줄까? 정하는 데 가장 어려운 것은 무엇이니?' 등과 같이 마음을 열어주거나 함께 고민해주겠다는 의도가 담긴 질문을 하다 보면 생각지도 못한 곳에서 답을 발견할 수 있다.

셋째, '괜찮아, 잘될 거야!'와 같은 응원과 격려를 많이 해준다. 유난히 주변 사람들의 시선이나 반응에 민감한 사람들에게는 선택과 결정, 말과 행동에 상대방의 공감, 격려, 이해나 응원 등이 필요하다. 잘못된 판단을 내렸더라도 위로해주고 격려해주는 것, 좋은 선택과 결정을 내렸을 때는 서슴지 않고 칭찬해주는 것이 자존감을 높이고 용기와 자신감을 심어주는 방법이다.

지금의 나는 선택과 결정이라는 두려움을 많이 극복했다. 하고 싶은 말도 하고, 해보고 싶은 행동이나 경험에도 도전한다. 그러나 나도 어느 날 갑자기 변화한 것은 아니다. 명상을 하고, 산책하고, 일기를 쓰고, 5초의 마법을 적용해서 바로 실천해보는 등 다양한 방법을 통해 지금의 나를 만들었다. 내가 할 수 있는 범위 내에서 나의 방식으로 한 번 두 번 하다 보면 분명히 바뀐다. 당신도 바뀔 수 있다.

선택과 결정을 어려워하는 당신에게 끝으로 하고 싶은 말이 있다.

'나를 믿어라.'

이 세상에 나를 믿지 않으면 그 누구도 믿을 수 없다. 나를 믿는다는 것은 나를 잘 안다는 것이고 나에 대한 확신이 있다는 것이다. '나'를 믿지 않고 '나'에 대한 확신이 없다면 무수히 많은 선택지로 인해 혼란스럽고 무엇이 정답인지 몰라 갈팡질팡하며 매일매일을 살아갈 수밖에 없다. '나를 믿어라.' 그것이 지금 우리가 할 수 있는 가장 중요한 마음가짐이다.

나에게는 선택할 자격이 있다

나는 짬뽕을 좋아한다. 나는 아이스 아메리카노를 좋아한다. 이 말이 쉽게 입 밖으로 나오지 못했던 이유가 있었다. 나를 모른다는 것이었다. 그것이 내가 선택과 결정을 두려워하고 어려워하는 가장 큰 이유였다. 나를 알아가는 방법, 나를 찾아가는 길은 쉽지 않았다. 나에게 온전히 집중하는 시간, 나의 마음을 정리하는 시간이 필요했다. 나의 생각을 마음 편하게 이야기할 수 있는 분위기가 필요했다.

나의 일상은 나를 위한 시간을 주지 않았다. 매일 똑같은 하루를 보냈다. 똑같은 시간에 출근하고 늦은 저녁에 퇴근하는 직장인에게 나만의 시간을 갖는다는 것은 쉽지 않았다. 이대로 살기에는 하루하루가 버거웠다. '나'라는 사람이 누구이고 어떤 것을 좋아하고,

무엇을 하고 싶어 하는지 알지 못하면 나의 인생에서 의미를 찾을 수 없다. 나를 알아야 한다. 그러지 않으면 '내가 없는' 나의 인생을 살 수밖에 없었다.

나의 인생을 살기 위해 가장 중요한 일은 '나를 위한 선택과 결정'을 하는 것이었다. 좋아하면 좋아한다고, 싫어하면 싫어한다고, 할 수 있다면 할 수 있다고, 할 수 없다면 할 수 없다고, 도와줄 수 있다면 도와줄 수 있다고, 도와줄 수 없다면 도와줄 수 없다고 나의 의지와 상황을 당당하게 말하려고 노력했다. 이전에는 직장 상사뿐만 아니라 친한 친구, 가족이 부탁하면 내가 할 수 없어도, 나의 일이 아니어도 관계가 틀어져서 불편할까 봐 없는 시간을 쪼개서라도 다 들어주려고 했다. 그것이 사람들과 어울려 살아가는 방식이라고 생각했다. 그러다 보니 나의 시간은 점점 사라졌다. 나의 시간을 줄이고 줄여서 다른 사람들이 원하는 일, 부탁한 일을 하다 보니 하루 24시간을 나를 위한 시간이 아닌 다른 사람을 위한 시간으로 쓰고 있었다.

나는 솔직한 감정도 표현하지 않았다. 기분 나쁜 일, 화나거나 짜증 나는 일이 있어도 속으로 삭이고 겉으로 표현하려고 하지 않았다. 가끔 주위 사람들은 "긴장한 줄 몰랐어", "화난 줄 몰랐어"라고 말할 정도로 나의 감정을 숨기기 위해 부단히 노력했다. 자리를 피하거나 애써 웃고 기분 좋은 척한 적도 많았다.

사람들은 늘 내가 평온한 줄 알았다. 어떻게 해도 다 괜찮을 거라고 생각했는지 무례하게 대하는 사람도 있었고, 자신의 부정적인 감정과 스트레스를 온통 나에게 쏟아붓는 사람도 있었다. 그럴 때마다 '나는 괜찮아', '네가 편해지면 됐어'라며 이해하려고 했다. 나의 감정 상태는 전혀 신경 쓰지 않고 상대방의 감정이 풀어지기만을 바랐다.

'더 이상 이렇게 살 수는 없다.'

나는 나로 살고 싶었다. 다른 사람의 감정 쓰레기통이 되어 비위를 맞추고 기분을 풀어주는 일은 그만하고 싶었다. 내가 하고 싶은 일을 말하지 못해 똑같은 일만 반복하면서 '늘 하는 것만 하는 사람, 새로운 것은 하기 싫어하는 사람'이라는 평가를 받고 싶지 않았다. 하고 싶은 일, 좋아하는 것, 하고 싶은 말이 있었지만 참았다. 그것이 사회생활, 인간관계의 정답이라고 생각했지만 결국은 오답으로 자꾸 문제를 풀고 있었던 것이다. 그러다 보니 나의 인생 성적표는 항상 0점으로 가고 있었다.

결정의 기준은 '내가 좋아하는 것'

선택과 결정을 잘하고 싶었지만 지금까지 살아온 삶과는 맞지 않는 것 같아서 변화하려고 하지 않았다. 하지만 더 이상 이렇게 살 수 없었다. 인생의 큰 전환점을 마련해서 이제는 다른 삶을 살고 싶었다. 나의 인생에서 가장 중요한 선택과 결정을 스스로 해야 했다. 인생에서 만나는 수많은 선택과 결정 중에 사사로운 것도 있지만 큰 전환을 가져오는 것도 있었다. 지금의 나는 확실히 다른 삶을 살고 있다.

과거에 나는 'IF(내향적이고 감정적) 남자'였다. 현실보다는 과거의 선택을 돌이켜보고 지금과는 다른 선택을 했을 때 어떤 삶을 살았을지 상상하는 것을 좋아했다. 지인들과 대화할 때도 "그때 그렇게 하지 않았다면 어떻게 됐을까?"라는 이야기를 많이 하면서 후회했다. 과거의 선택과 결정을 되돌아보는 시간을 가지면 지금 현재에 충실할 수 있을 것이라고 생각했지만 나는 과거에 너무 연연했다. '내가 이렇게 선택했으면 어떻게 됐을까? 그때 A가 아닌 B를 선택했다면 지금 더 행복할까?' 이런 생각은 잠시 과거의 시간을 회상하면서 기분이 좋아질 수는 있지만 현실에 집중하는 데 전혀 도움이 되지 않았다.

그래서 IF 남자가 되기를 과감히 포기했다. 이제는 내 앞에 있는 현실과 현재만 생각하고 에너지를 쏟기로 결심했다.

이것 또한 나에게 집중하면서 바뀐 모습이다. 과거는 되돌릴 수 없으니 지금 현재와 앞으로 닥치게 될 선택과 결정에 더 집중하려고 노력했다. 과거의 내가 아닌 현재의 내가 좋아하고 잘하는 것,

하고 싶은 일과 하고 싶은 말에 집중해야 온전한 나로 살 수 있다. 아침에 일어나 샤워를 하면서 오늘의 나에 대해 생각하는 시간을 가졌고, 저녁에 잠들기 전 일기를 쓰면서 하루를 반성하고 내일의 목표를 잘 수행하기 위해 나를 응원하는 시간을 가졌다.

나의 감정도 올바로 바라봐야 한다. 나의 감정을 상대방에게 충분히 말하고 또 존중받아야 한다. 개인의 감정은 모두 중요하므로 명확하게 나의 감정을 표현할 수 있어야 한다. 그러지 않으면 사람들은 내가 생각하는 내가 아닌 다른 사람으로 인식하거나 평가한다. 주위 사람들이 나를 올바로 이해하고 평가하기 위해서는 나의 감정을 솔직하게 이야기해야 한다. 나의 감정을 객관적으로 바라보고 정확하게 인식한 상태에서 결정해야 후회하지 않는다.

선택과 결정을 잘한다는 것, 그 기준이 내가 된다는 것은 삶의 주인공이 내가 되느냐 하는 중요한 문제이다. 선택과 결정은 '나를 위해서' 해야 한다. 나를 위한 선택과 결정을 한다면 나답게 살 수 있다. '나'라는 사람에 대한 확신을 가지고 내가 원하는 선택과 결정을 하면 지금보다 더 나은 삶을 살 수 있다.

가끔 흔들릴 때면 쉬어 가도 괜찮다. 그 또한 나의 결정이다. 지쳐가고 있다는 것이 느껴지면 과감하게 잠시 멈춰서 나를 다시 돌아보면 된다. 어느 누구도 당신한테 뭐라고 하지 않는다. 잘못됐다고, 이상하다고 말하지 않는다. 나만 생각하면 된다. 내가 정말 원하는 것, 그 하나만 생각하면 된다.

짜장면과 짬뽕 중에서 나는 짬뽕을 정말 좋아한다. 매콤한 국물을 먹으면 땀이 나면서 스트레스도 풀린다. 나에게는 어떤 음식과도 비교할 수 없을 만큼 최고의 맛이다. 면을 다 먹고 나서 밥까지 말아 먹으면 정말 금상첨화다. 그만큼 나는 짬뽕을 너무 사랑한다. 이제는 팀 또는 가족끼리 중국집에 가면 내가 제일 먼저 메뉴를 정한다.

"난 짬뽕."

원하는 메뉴 하나 고르지 못했던 내가 테이블에 앉자마자 메뉴를 선택하는 것을 보고 사람들은 놀라워한다. 이제는 당당하게 내가 먹고 싶은 것, 하고 싶은 일, 하고 싶은 말을 한다.

나도 당신도 충분히 그럴 자격이 있다. 그 누구도 아닌 나의 인생이기 때문이다. 내 인생을 주도적으로 살기 위해 그 어떤 것보다 중요한 것이 나의 선택과 결정이다. 선택과 결정 앞에서 당당해질 당신을 응원한다. 우리는 충분히 잘할 수 있다. 나는 당신의 잠재력을 믿는다!

나의 선택과 결정이 나를 만든다

나처럼 선택과 결정을 어려워하는 사람들의 속마음을 이야기하고 싶었다. 소심하고 내성적이고 우유부단하고 추진력과 주관이 없다는 평가와 선입견에 대해 '그렇지 않다'고 이야기하고 싶었다. 나의 이야기를 한다는 것이 쉽지 않았다. 선택불가증후군이라는 평가를 받고 결정을 두려워했던 사람이 어떻게 선택과 결정을 잘하게 됐는지를 이야기하는 것 또한 용기이고 새로운 시도이자 중대한 결정 중의 하나였다.

우리는 살면서 무수히 많은 선택과 결정의 순간을 만난다. 옷 입는 것, 출근할 때 어떤 교통수단을 이용할지, 점심으로 무엇을 먹을지, 어디로 여행을 갈지, 어떤 배우자를 선택하고 어떤 인생을 살지 등 사소한 것부터 인생의 중요한 변곡점이 될 만한 것들에 이르기까지 매일 고민하고 결정하면서 살아간다. 그렇게 모인 선택과 결정들이 나의 인생이 된다. 그 과정에서 많은 후회와 실패, 성공과 행운을 얻기도 한다.

후회와 실패의 경험은 피하고 싶었다. 오직 성공과 행운을 가져다주는 선택만 하고 싶었다. 그래서 어떻게 하면 선택과 결정을 잘할 수 있을까에 대한 답을 스스로 찾으려고 했다. 유명한 교수, 강사, 나보다 선택과 결정을 잘하는 사람들의 책과 칼럼들을 읽으면서 그들의 방법을 나에게 적용하고 시도해봤다. 이 책은 나의 시도와 도전, 경험의 결과물이다. 나에게 잘 맞고, 효과가 있었던 방법들을 나의 경험과 관점으로 작성했다.

우리는 매 시간 선택과 결정의 순간을 접하기 때문에 내가 제시한 방법과 노하우가 모든 상황에 적용되지는 않을 것이다. 하지만 한 번씩 시도하고 도전해보기를 바란다. 그러다 보면 내가 그랬던 것처럼 나에게 맞는 적합한 방법과 노하우가 하나둘씩 생길 것이다. 후회와 실패의 경험은 하고 싶지 않았던 내가 후회와 실패의 경험을 통해 나만의 길, 나만의 방법을 찾았다. 이 책을 읽는 독자들도 충분히 찾을 수 있다고 확신한다. 이 또한 선택과 결정이기에 두려워하지 말고 실패해도 괜찮으니 꼭 한 번 실천해보길 바란다.

나는 선택과 결정을 할 때 여전히 고민을 한다. 하지만 고민할 시간이 많이 필요한 것과 빨리 결정해야 할 것들을 구분하고, 불필요한 생각들을 지울 수 있는 방법을 터득했다. 한 가지를 생각해야 하는데 수백 가지 쓸데없는 생각들로 인해 정말 무엇을 고민해야 할지를 몰랐던 내가 지금은 집중해서 고민해야 할 것이 무엇인지 명확히 알고 그 한 가지에 집중할 수 있는 방법 또한 알게 됐다.

선택과 결정을 하는 데 필요한 시간들이 확실히 줄었고 마음의 부담감도 예전보다는 확연하게 덜했다. 그렇다고 나의 선택과 결정이 100% 성공과 행운을 가져다주는 것은 아니다. 대신에 나의 선택과 결정을 믿고 실천하고 행동하는 힘이 생겼다. 주변 사람들이 뭐라고 훈수를 두든 개의치 않고 선택과 결정을 내리고 이에 따라 실천하고 행동하는 사람이 되었다.

끝으로 책을 쓸 수 있도록 용기를 준 아내와 어머니에게 감사한

218

마음을 전한다. 아내는 책을 쓸까 말까 고민하던 나에게 용기를 줬다. 내가 살아온 인생의 과정에서 겪은 많은 경험과 생각들이 소중하고 값진 것임을 일깨워준 사람이 바로 나의 아내다. 아내가 없었다면 나는 아직도 어물쩍대다가 아무것도 못 하는 사람으로 살고 있을 것이다. 아내의 격려와 지원이 없었다면 내가 원하는 선택과 결정을 하지 못한 채 후회만 하면서 매일을 살아가고 있을 것이다.

그리고 나의 어머니. 책을 쓴다는 꿈을 갖게 해주신 분이다. 지금까지의 삶은 나의 선택과 결정을 통해 만들어졌지만 내가 선택할 수 없었던 단 한 가지가 있었다. 그것은 바로 어머니의 아들로 태어난 것이다. 비록 내가 선택할 수 없는 일이었지만 내 인생에서 가장 행복하고 가장 보람되며 가장 값진 것이 바로 어머니의 아들이라는 사실이다. 어머니의 아들로서 살아갈 수 있게 해준 나의 어머니, 삶을 살아가는 지혜와 방법을 일깨워주신 분이 바로 나의 어머니다.

선택과 결정을 어려워했던 사람들, 선택과 결정을 잘하고 싶어 하는 사람들의 앞날에 꼭 성공과 행복이 가득하길 바란다.

선택과
　　결정은
타이밍이다
ⓒ 밀리언서재, 2022

초판 1쇄 발행 | 2022년 01월 07일
초판 3쇄 발행 | 2022년 02월 20일

지은이 | 최 훈
펴낸이 | 정서윤

편집 | 추지영
디자인 | 지 윤
마케팅 | 신용천
물류 | 비앤북스

펴낸곳 | 밀리언서재
등록 | 2020. 3.10 제2020-000064호
주소 | 서울시 마포구 동교로 75
전화 | 02-332-3130
팩스 | 02-3141-4347
전자우편 | million0313@naver.com
블로그 | https://blog.naver.com/millionbook03
인스타그램 | https://www.instagram.com/millionpublisher_/
기획 | 엔터스코리아 책쓰기브랜딩스쿨

ISBN 979-11-91777-11-6 03190

값 · 15,000원